AF582855

La implicancia del marketing estratégico y operativo en una empresa MYPE

Ciro Giussepe Sánchez Cueva

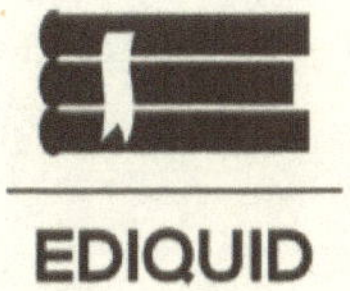

EDIQUID

LA IMPLICANCIA DEL MARKETING ESTRATÉGICO
Y OPERATIVO EN UNA EMPRESA MYPE

Editado por: Corporación Ígneo, S.A.C.
para su sello editorial Ediquid
José Olaya 169, Ofic. 504, Miraflores. Lima, Perú
Primera edición, diciembre, 2024

ISBN: 978-612-5160-88-1
Tiraje: 50 ejemplares

Hecho el Depósito Legal en la Biblioteca Nacional del Perú N° 2024-10653
Se terminó de imprimir en diciembre de 2024 en:
ALEPH IMPRESIONES SRL
Jr. Risso Nro. 580 Lince, Lima

www.grupoigneo.com
Correo electrónico: contacto@grupoigneo.com | Teléfono: +51 955 071 270
Facebook: Grupo Ígneo | X: @editorialigneo | Instagram: @grupoigneo

Colección: Pensamiento

Contenido

Este libro está dedicado con profundo amor y gratitud a las personas que han sido mi pilar y mi inspiración en cada paso de este viaje.

A mis padres, Ciro Casio Sánchez Obregón y Ana Cueva Huamán, quienes, con su apoyo inquebrantable y sus valiosas enseñanzas, me han inculcado los valores de perseverancia y dedicación. Gracias por mostrarme, a través de sus propios ejemplos, el significado de la verdadera fortaleza y el trabajo arduo. Sus sacrificios y su amor constante me han formado y guiado hacia cada logro que he alcanzado.

A mi amada esposa, Luz del Carmen Chinguel Flores, y a mi hijo Giussepe Giordano Casio Sánchez Chinguel. Luz, tu amor incondicional, tu paciencia y tu apoyo sin límites han sido la luz que ha iluminado mi camino. Tu presencia en mi vida me ha dado la fuerza para seguir adelante en los momentos más difíciles y celebrar con alegría cada victoria. Giordano, hijo, tú eres mi motivación diaria, la razón por la cual me esfuerzo por ser mejor cada día. Tu sonrisa y tu amor me inspiran a alcanzar nuevas alturas.

Gracias a cada uno de ustedes por ser mi refugio y mi razón de ser. Este logro es tanto suyo como mío. Los amo con todo mi corazón.

Prólogo

La importancia del *marketing* en las empresas MYPE

En las páginas que siguen, exploraremos un viaje fascinante a través del mundo empresarial de las micro, pequeñas y medianas empresas (MYPE). Estas pequeñas maravillas económicas, a menudo pasadas por alto en medio del panorama empresarial, son en realidad la columna vertebral de nuestras comunidades y economías locales. Nos adentraremos en la profunda intersección entre las estrategias de *marketing* y el éxito de estas empresas, revelando cómo el *marketing* estratégico y operativo puede impactar positivamente en su desarrollo y crecimiento sostenible.

Las empresas MYPE, con su escala más modesta y recursos limitados, se enfrentan a desafíos únicos en su búsqueda de posicionarse en el mercado y alcanzar sus objetivos comerciales. No obstante, como veremos, estas limitaciones no son barreras infranqueables, sino oportunidades para la innovación y la creatividad. El *marketing* se convierte en una herramienta poderosa en las manos de las MYPE, permitiéndoles conectarse con sus audiencias de manera más personal, diferenciarse en mercados competitivos y desarrollar relaciones sólidas con su comunidad.

En *La implicancia del* marketing *estratégico y operativo en una empresa MYPE*, exploraremos cómo las MYPE pueden navegar por el complejo mundo del *marketing* estratégico y operativo. Desde la definición de una sólida estrategia de *marketing* que se alinee con sus objetivos, pasando por la ejecución efectiva de tácticas y la medición de resultados, hasta la adaptación ágil a los cambios en el entorno empresarial, cada capítulo se sumergirá en aspectos esenciales para el éxito de las MYPE.

Además, observaremos de cerca cómo las MYPE se distinguen de las grandes empresas en términos de enfoque de *marketing*, resaltando las ventajas únicas que pueden aprovechar para competir de manera efectiva en su nicho. Exploraremos estudios de caso reales, ejemplos prácticos y consejos accionables que permitirán a los propietarios y emprendedores de MYPE comprender y aplicar conceptos de *marketing* de manera directa y efectiva.

Así que, querido lector, te invito a sumergirte en este libro con mente abierta y curiosa. Descubrirás que, aunque las MYPE pueden ser pequeñas en tamaño, su potencial es vasto y su impacto en la economía y la sociedad es innegable. A medida que avances en este libro, estarás equipado con conocimientos y herramientas que te permitirán desbloquear el verdadero poder del *marketing* en el contexto de las MYPE. Prepárate para un viaje de aprendizaje, inspiración y descubrimiento mientras exploramos juntos la implicancia del *marketing* estratégico y operativo en estas pequeñas pero intrépidas empresas.

¡Bienvenido a un mundo de oportunidades y posibilidades!

Introducción

Fundamentos del *marketing* estratégico y operativo

A continuación, nos sumergiremos en el emocionante mundo del *marketing* estratégico y operativo, dos pilares esenciales que definen el éxito y la sostenibilidad en el entorno empresarial actual. Es para mí un honor guiarlos a través de este viaje, donde exploraremos los cimientos y las complejidades del *marketing* en el contexto de las micro, pequeñas y medianas empresas (MYPE).

El *marketing* estratégico: construyendo un camino hacia el futuro

El *marketing* estratégico no es simplemente una serie de tácticas publicitarias aisladas, sino una filosofía arraigada en la creación de un camino deliberado hacia el éxito. Se trata de una disciplina que va más allá de la mera promoción, involucrando la identificación de oportunidades, la definición de objetivos y la toma de decisiones cuidadosamente elaboradas. En el contexto de las MYPE, el *marketing* estratégico adquiere un significado aún más profundo. Estas empresas, a menudo con recursos limitados, deben elegir con sabiduría sus batallas, concentrando sus esfuerzos en áreas clave que generen el máximo impacto.

El *marketing* estratégico abarca la formulación de una visión clara y una misión con propósito, que no solo guían las actividades de la empresa, sino que también la distinguen en un mercado saturado. Es el arte de la segmentación, la elección de los segmentos de mercado más prometedores y la construcción de propuestas de valor únicas que resuenen con esos segmentos. Las MYPE tienen la oportunidad de desarrollar conexiones personales y auténticas con sus clientes, capitalizando la proximidad y la intimidad que a menudo caracterizan sus relaciones.

El *marketing* operativo: transformando estrategias en acciones tangibles

La estrategia sin ejecución es un sueño, y la ejecución sin estrategia es una pesadilla. Esta máxima resume la esencia del *marketing* operativo. Aquí es donde los planes estratégicos toman forma y se convierten en acciones tangibles y efectivas. En el contexto de las MYPE, el *marketing* operativo implica la traducción de los objetivos estratégicos en tácticas concretas que se alineen con la identidad y los recursos de la empresa.

Desde la selección de canales de distribución hasta la creación de mensajes de marca y la implementación de campañas de publicidad, el *marketing* operativo es la chispa que enciende el motor del crecimiento empresarial. Las MYPE deben ser magos de la eficiencia, aprovechando al máximo cada recurso y dólar invertido en *marketing*. Pero no se trata solo de hacer más con menos, sino de hacerlo de manera inteligente y efectiva.

La importancia vital en el entorno empresarial

En la actualidad, el *marketing* estratégico y operativo no son simplemente herramientas opcionales; son el tejido mismo que mantiene unida la trama de cualquier empresa. En un mundo hiperconectado y competitivo, las MYPE no pueden permitirse pasar por alto la influencia poderosa que el *marketing* puede tener en sus trayectorias. El *marketing* bien concebido y ejecutado puede desencadenar un efecto dominó que se extiende más allá de las métricas de ventas y ganancias, permeando la conciencia pública, construyendo relaciones leales y asegurando una base sólida para el futuro.

Este libro es un llamado a las MYPE para abrazar la magia del *marketing* estratégico y operativo. Aquí, aprenderemos no solo las teorías detrás de estas disciplinas, sino también cómo aplicarlas con pasión y perspicacia en el mundo real de los negocios. A través de ejemplos inspiradores, casos de estudio iluminadores y consejos prácticos, descubriremos cómo el *marketing* puede ser el catalizador que propulsa a las MYPE hacia el éxito y la trascendencia.

Definitivamente es un viaje emocionante hacia el corazón del *marketing* en las MYPE. Estoy entusiasmado por compartir contigo los conocimientos y la pasión que definen este libro. Juntos, exploraremos cómo el *marketing* estratégico y operativo puede transformar no solo las empresas, sino también las comunidades y la vida de aquellos que se atreven a soñar en grande.

¡Adelante, hacia un mundo de posibilidades sin límites!

Capítulo 1

El contexto de las MYPE

Las micro, pequeñas y medianas empresas (MYPE) son los pilares que sostienen la economía y la comunidad en un tejido empresarial diversificado. A pesar de su tamaño más modesto, estas empresas desempeñan un papel crucial en la generación de empleo, la innovación y el fomento del desarrollo local. En este capítulo, nos adentraremos en el contexto en el que operan las MYPE, explorando sus características distintivas, los desafíos que enfrentan y la importancia económica y social que desempeñan en la comunidad y el mercado.

La radiografía de las MYPE: características que definen su esencia

Las MYPE se destacan por sus características únicas que las diferencian de las grandes corporaciones. Su tamaño, flexibilidad y conexión con la comunidad son elementos intrínsecos que definen su esencia.

En términos de tamaño, las MYPE a menudo tienen operaciones modestas en comparación con las corporaciones gigantes. Son pequeñas en términos de tamaño y escala, y esto se refleja en su número de empleados, volumen de ventas y recursos financieros limitados. Sin embargo, esta limitación no debe subestimarse, ya que es precisamente esta condición la que les otorga una agilidad sorprendente. A diferencia de las corporaciones que deben navegar a través de jerarquías burocráticas, las MYPE pueden tomar decisiones rápidas y adaptarse a las circunstancias cambiantes del mercado.

La conexión con la comunidad es otra piedra angular de las MYPE. Estas empresas a menudo se operan en vecindarios locales, donde los propietarios son parte integral del tejido social. Esta cercanía a la comunidad brinda la oportunidad de construir relaciones personales con los clientes y comprender a fondo sus necesidades, establecer una reputación basada en la confianza y la autenticidad. Aprovechar esta conexión local puede ser un activo poderoso en el *marketing* de las MYPE, ya que les permite establecer una presencia arraigada dentro de su comunidad.

Para comprender plenamente el impacto y las implicaciones del *marketing* estratégico y operativo en las MYPE, es esencial realizar una radiografía detallada de las características que definen su esencia. Estas características intrínsecas no solo moldean la forma en que operan, sino que también influyen en la forma en que abordan el *marketing* y se conectan con su base de clientes.

En muchas MYPE, los propietarios también son los administradores y gerentes directos del negocio. Esta propiedad y gestión directa impregna a las MYPE con un sentido profundo de compromiso y pasión por su empresa. Los propietarios no solo están preocupados por los resultados financieros, sino que también tienen un interés personal en el éxito a largo plazo de la empresa. Esta dedicación puede influir en todas las facetas del negocio, incluido el enfoque de *marketing*.

A menudo, este tipo de empresas operan con recursos financieros limitados en comparación con las grandes corporaciones. Esta restricción financiera puede parecer un desafío, pero también puede fomentar la creatividad y la innovación. Las MYPE deben encontrar formas efectivas de maximizar el impacto de cada dólar invertido en *marketing*. Esto puede conducir a enfoques creativos y tácticas únicas que llamen la atención de los clientes y les permitan destacar en un mercado competitivo.

Uno de los aspectos más destacados y valiosos de las MYPE es su capacidad de ofrecer un enfoque personalizado y un servicio al cliente excepcional. Este enfoque, que es una consecuencia natural de su tamaño y conexión local, se convierte en una auténtica joya en la corona de las MYPE, permitiéndoles establecer relaciones sólidas y duraderas con sus clientes. Dado su tamaño y la conexión local, las MYPE pueden ofrecer un servicio al cliente altamente personalizado. Los propietarios y empleados pueden interactuar directamente con los clientes, conocer sus preferencias y necesidades, y ajustar sus ofertas en consecuencia. Este enfoque personalizado puede llevar a relaciones más sólidas y duraderas con los clientes, lo que a su vez puede generar lealtad y recomendaciones boca a boca.

Imagina una pequeña cafetería local donde el barista conoce tu nombre y tu orden favorita, o una tienda de artículos para bebés donde el dueño comparte consejos y recomendaciones personalizadas. Estas experiencias de conexión son difíciles de replicar en las grandes corporaciones y son el corazón del enfoque personalizado en las MYPE.

Este tipo de empresas puede desarrollar una habilidad clave para ganar terreno en el mundo de los negocios. Dicha destreza se denomina el arte de la escucha activa, y es que el enfoque personalizado no se trata solo de conocer los nombres de los clientes, sino de escuchar activamente y comprender sus necesidades. Las MYPE tienen la ventaja de interactuar directamente con los clientes en un nivel más profundo. Pueden hacer preguntas, recopilar comentarios y ajustar sus ofertas en función de las respuestas obtenidas.

Este enfoque de escucha activa permite a las MYPE adaptarse rápidamente a las tendencias cambiantes y a las preferencias del mercado. Por ejemplo, si una tienda de ropa de una MYPE recibe comentarios de que los clientes están buscando opciones más sostenibles, pueden ajustar su inventario para incluir productos ecológicos. Esta capacidad de respuesta ágil es un activo valioso en un mundo empresarial que evoluciona constantemente.

Cuando las MYPE brindan un servicio al cliente excepcional y personalizado, generan una lealtad inquebrantable en sus clientes. Los clientes no solo regresan una y otra vez, sino que también se convierten en defensores apasionados de la marca. Estos defensores no solo compran productos o servicios, sino que también los recomiendan a amigos, familiares y colegas.

El boca a boca es una de las formas más poderosas de *marketing*, y las MYPE pueden capitalizar este fenómeno de manera significativa. Cuando los clientes elogian y recomiendan una MYPE basada en su experiencia personal, están creando una red de promoción auténtica que no puede replicarse con anuncios pagados.

Asimismo, para aprovechar al máximo el enfoque personalizado y el servicio al cliente, las MYPE pueden utilizar herramientas como los sistemas de gestión de relaciones con los clientes (CRM, por sus siglas en inglés). Estas plataformas permiten a las MYPE rastrear interacciones, preferencias y compras anteriores de los clientes, lo que les permite ofrecer ofertas y recomendaciones más personalizadas.

Además, crear experiencias memorables es clave. Las MYPE pueden organizar eventos locales, talleres o actividades que involucren a la comunidad y fortalezcan su conexión. Estas experiencias no solo crean un vínculo más profundo con los clientes, sino que también generan historias y momentos para compartir, lo que amplifica aún más la promoción boca a boca.

Lamentablemente, a pesar de su agilidad y conexiones personales, las MYPE enfrentan una serie de desafíos que pueden dificultar su crecimiento. Uno de los desafíos más apremiantes es la competencia en un mercado globalizado. Las MYPE a menudo deben encontrar formas de destacar entre los competidores más grandes y establecidos.

La falta de recursos financieros y tecnológicos también puede limitar las capacidades de *marketing* y expansión de las MYPE. Sin embargo, es importante destacar que estos desafíos no son insuperables. De hecho, pueden convertirse en trampolines para la innovación y la creatividad. Las MYPE pueden encontrar maneras únicas de abordar estos desafíos, como la colaboración con otras empresas locales o la creación de experiencias personalizadas para los clientes.

La importancia de las MYPE en la economía y la sociedad: más allá de los números

Las MYPE no son simplemente actores periféricos en el escenario empresarial; son una fuerza vital que impulsa la economía y enriquece el tejido social de las comunidades en las que operan. En un mundo donde el desempleo es una preocupación constante, las MYPE desempeñan un papel crítico al generar empleo a nivel local. A menudo, estas empresas son la primera fuente de empleo para muchos jóvenes y trabajadores locales. Su capacidad para contratar de manera ágil y adaptarse a las necesidades cambiantes del mercado laboral es esencial para reducir las tasas de desempleo.

Además, las MYPE tienden a emplear a personas de la misma comunidad en la que operan. Esto no solo contribuye a la creación de empleos, sino que también fomenta un sentido de pertenencia y estabilidad en la comunidad. Cuando los miembros de la comunidad tienen la oportunidad de trabajar cerca de casa, se fortalecen los lazos y se construye un sentido de identidad compartida. Su éxito está entrelazado con la prosperidad de la comunidad en su conjunto.

Las MYPE a menudo son caldo de cultivo para la innovación y la creatividad. Con recursos limitados, estas empresas deben encontrar formas ingeniosas de resolver problemas y satisfacer las necesidades de los clientes. Esta necesidad de innovación puede llevar a la creación de productos únicos, enfoques originales y soluciones novedosas.

Además, las MYPE introducen competencia en el mercado. Al proporcionar alternativas a las grandes corporaciones, fomentan la competencia saludable y evitan el monopolio de ciertos sectores. Esta competencia no solo beneficia a los consumidores al ofrecerles más opciones, sino que también puede estimular la mejora continua en la calidad y el precio de los productos y servicios.

Promoviendo la inclusión y la diversidad, las MYPE desempeñan un papel importante en el entorno empresarial. Al ser empresas más pequeñas y flexibles, a menudo son más abiertas a contratar personas de diversos antecedentes y habilidades. Esto no solo crea oportunidades para individuos marginados, sino que también enriquece la cultura empresarial y la perspectiva.

La danza entre las MYPE y el *marketing* estratégico y operativo: un baile hacia el éxito

La relación entre las MYPE y el *marketing* estratégico y operativo es una danza apasionante que puede llevar a estas empresas a nuevos niveles de éxito y crecimiento. Como en cualquier baile, cada movimiento importa y las MYPE pueden sincronizarse con las disciplinas del *marketing* estratégico y operativo para lograr resultados impactantes.

Al igual que en un baile bien coreografiado, las MYPE deben establecer una sintonía estratégica sólida antes de adentrarse en el mundo del *marketing*. Esto comienza con la definición de su identidad única y la comprensión profunda de su propósito y valores.

Al conocer quiénes son y qué representan, las MYPE pueden construir una base sólida para todas sus actividades de *marketing*.

A continuación, se trata de establecer objetivos claros y medibles. Estos objetivos actúan como la melodía que guía el baile, dirigiendo cada movimiento hacia una dirección específica. Las MYPE deben preguntarse: ¿Qué esperamos lograr con nuestras estrategias de *marketing*? ¿Es aumentar las ventas, expandir la base de clientes o fortalecer la lealtad de marca?

La segmentación es otro paso crucial en esta danza. Las MYPE deben identificar los segmentos de mercado que son más propensos a conectarse con su propuesta de valor única. Al enfocarse en segmentos específicos en lugar de tratar de atraer a todos, las MYPE pueden concentrar sus esfuerzos y recursos en áreas donde tienen la mayor probabilidad de éxito.

Una vez que se establece la sintonía estratégica, es hora de entrar en el ritmo de la ejecución operativa. Aquí es donde el *marketing* operativo entra en juego. Las MYPE deben transformar sus objetivos y estrategias en acciones tangibles y efectivas.

La creatividad es una parte esencial de esta ejecución. En un mundo donde la competencia es feroz, las MYPE deben encontrar formas únicas y atractivas de destacar. Esto podría implicar la creación de campañas publicitarias ingeniosas, el diseño de experiencias únicas para los clientes o la utilización de plataformas de medios sociales de manera innovadora.

La consistencia es clave en esta fase de ejecución. Así como un baile fluido y coordinado, las MYPE deben mantener una presencia constante y coherente en el mercado. Esto involucra la gestión efectiva de las campañas, la comunicación constante con los clientes y la adaptación ágil a las circunstancias cambiantes.

En cualquier danza, la retroalimentación es esencial para mejorar y refinar los movimientos. En el *marketing*, esto se traduce en la medición y análisis de resultados. Las MYPE deben utilizar métricas relevantes para evaluar el impacto de sus estrategias y tácticas. Esto puede incluir el seguimiento de la generación de leads, las tasas de conversión, el retorno de la inversión y otros indicadores clave.

La retroalimentación y el análisis permiten a las MYPE ajustar su enfoque en función de lo que funciona y lo que no. Tal como un bailarín que ajusta su postura y movimientos en respuesta a las señales de su pareja, las MYPE deben ser flexibles y estar dispuestas a cambiar de dirección si es necesario. La mejora continua es esencial para mantenerse relevante y eficaz en un mercado en constante evolución.

La danza entre las MYPE y el *marketing* estratégico y operativo no solo se trata de obtener resultados a corto plazo; se trata de construir un legado duradero. De la misma forma que un bailarín deja una impresión duradera en el escenario, las MYPE pueden dejar una marca indeleble en el mercado y en la comunidad.

Cuando las estrategias y tácticas de *marketing* se alinean con la identidad y los valores fundamentales de una MYPE, cuando la ejecución es creativa y efectiva, y cuando la mejora continua está en el centro de la estrategia, se crea un escenario para el éxito duradero. Las MYPE pueden convertirse en líderes reconocidos en su industria, en favoritos locales y en contribuyentes valiosos a su comunidad.

En la danza, la pasión y la emoción son palpables en cada giro y salto. De manera similar, las MYPE deben infundir pasión en su *marketing*, creando una conexión emocional con sus clientes. Cada interacción, cada mensaje y cada experiencia deben reflejar la autenticidad y el compromiso de la MYPE con sus valores y su comunidad. Esta pasión se comunica a través de cada toque de *marketing*, dejando una impresión duradera en la mente y el corazón de los clientes.

En una danza, un *pas de deux* es una colaboración coreografiada entre dos bailarines. En la relación entre las MYPE y el *marketing*, la innovación desempeña un papel similar. Ambos se entrelazan en una colaboración creativa donde la innovación del *marketing* impulsa la creatividad y el enfoque de las MYPE. Las

MYPE deben buscar nuevas formas de presentar sus productos y servicios, Al igual que los bailarines buscan nuevas formas de expresar movimientos familiares.

En el escenario, los aplausos son la respuesta tangible de la audiencia a una actuación excepcional. En el mundo del *marketing*, la medición y la mejora continua desempeñan un papel similar. Las MYPE deben medir los resultados de sus esfuerzos de *marketing* y utilizar esta retroalimentación para ajustar su enfoque. Cada aplauso, en forma de aumento de ventas, lealtad del cliente o reconocimiento de la marca, es un reflejo del impacto positivo que han logrado.

Toda danza culmina en un final impactante, donde los bailarines dejan su huella en el escenario. De manera similar, el viaje de las MYPE y el *marketing* estratégico y operativo culmina en un impacto duradero. Cuando las estrategias y tácticas se alinean con la identidad y los valores de la MYPE, cuando la ejecución es creativa y efectiva, y cuando la mejora continua está en el centro, se crea una impresión duradera en el mercado y la comunidad.

La danza entre las MYPE y el *marketing* estratégico y operativo es una coreografía dinámica y continua. Del mismo modo que una danza que se reinventa y evoluciona con el tiempo, esta relación también debe adaptarse a las cambiantes circunstancias del mercado. Cuando se logra una sintonía perfecta, la magia persistente de esta danza se convierte en un motor de éxito sostenible para las MYPE, llevándolas hacia nuevas alturas de crecimiento y logros.

La relación entre las MYPE y el *marketing* estratégico y operativo es una danza armoniosa, mágica y dinámica. De igual forma que una sinfonía cautivadora, cada elemento se une para crear una experiencia memorable y transformadora. A medida que avanzamos en este libro, exploraremos más profundamente esta danza y cómo las MYPE pueden perfeccionar sus movimientos para lograr un impacto duradero en el mercado y la sociedad.

Capítulo 2

Principios del *marketing* estratégico

En este capítulo, navegaremos sobre el emocionante mundo del *marketing* estratégico y exploraremos los principios fundamentales que guían a las MYPE en su búsqueda de un crecimiento exitoso y sostenible. A medida que desentrañamos los elementos esenciales del *marketing* estratégico, descubriremos cómo las MYPE pueden trazar un rumbo claro hacia el éxito a largo plazo.

Concepto del *marketing* estratégico

El *marketing* estratégico es el arte y la ciencia de tomar decisiones clave para guiar a una empresa hacia un futuro exitoso. Los fundamentos del *marketing* estratégico establecen bases sólidas que conducirán a las MYPE hacia el crecimiento y la prosperidad empresarial.

El *marketing* estratégico va más allá de la publicidad y las promociones. Se trata de la planificación y ejecución de un enfoque integral para alcanzar los objetivos comerciales a largo plazo. Las MYPE deben considerar cómo quieren posicionarse en el mercado, cómo pueden satisfacer las necesidades de los clientes de manera efectiva y cómo pueden lograr un crecimiento sostenible a lo largo del tiempo.

Uno de los pilares fundamentales del *marketing* estratégico es la alineación con los objetivos generales de la empresa. Las decisiones de *marketing* deben estar en consonancia con la visión y misión de la MYPE. Esto asegura que cada acción de *marketing* contribuya de manera coherente a la dirección en la que la empresa desea avanzar. Una alineación estratégica sólida también ayuda a evitar la dispersión de recursos en enfoques no productivos.

La investigación de mercado como cimiento

En el corazón del *marketing* estratégico yace un pilar fundamental: la investigación de mercado. Al igual que un cimiento sólido sostiene un edificio, la investigación de mercado proporciona la base sobre la cual se construye una estrategia sólida y efectiva para las MYPE. El papel esencial de la investigación de mercado es fundamental para tomar decisiones informadas y estratégicas.

La investigación de mercado es un proceso sistemático de recopilación, análisis e interpretación de información relevante sobre un mercado específico. Su objetivo es obtener una comprensión profunda de los clientes, competidores y tendencias del mercado. Las MYPE que subestiman la importancia de la investigación de mercado pueden correr el riesgo de tomar decisiones basadas en suposiciones en lugar de datos concretos.

Asimismo, llevar a cabo este proceso permite a las MYPE escuchar la voz de sus clientes. A través de encuestas, entrevistas, *focus group* y otras técnicas, las MYPE pueden capturar las opiniones, necesidades y deseos de sus clientes de manera directa. Esto les proporciona información valiosa sobre cómo sus productos o servicios pueden satisfacer de manera efectiva las demandas del mercado.

El mundo empresarial es dinámico y cambia constantemente. La investigación de mercado ayuda a las MYPE a identificar tendencias emergentes en el mercado antes de que se conviertan en corrientes principales. Esta anticipación permite a las MYPE aprovechar oportunidades tempranas y estar a la vanguardia de la innovación en su industria. Por ejemplo, una empresa de tecnología podría identificar una creciente demanda de soluciones móviles y ajustar su estrategia en consecuencia.

La investigación de mercado no solo se trata de los clientes, sino también de conocer a la competencia. Las MYPE deben analizar a sus competidores directos e indirectos para comprender su posicionamiento, fortalezas y debilidades. Este conocimiento permite a las MYPE diferenciarse y encontrar formas únicas de atraer a los clientes.

Punto clave en la toma de decisiones. Cuando estas se toman de manera informada marca el inicio de su camino hacia el éxito. La investigación de mercado proporciona datos y conocimientos que respaldan la toma de decisiones estratégicas. Ya sea lanzar un nuevo producto, expandirse a un nuevo mercado o ajustar los precios, las MYPE pueden basar sus acciones en hechos concretos en lugar de suposiciones.

La aplicación de la investigación de mercado en una MYPE se abarca en diferentes etapas de su estrategia de *marketing*. Desde la definición de la propuesta de valor hasta la segmentación de mercado y la elaboración de estrategias de promoción, la investigación de mercado informa cada paso del proceso. Por ejemplo, una empresa de moda podría utilizar la investigación de mercado para identificar las tendencias de diseño más populares entre su público objetivo y crear una línea de productos que se alinee con esas preferencias.

Así, es importante crear un valor significativo para tus consumidores. Las MYPE deben comprender profundamente a sus clientes, conocer sus deseos, necesidades y desafíos. A través de esta comprensión, las MYPE pueden crear propuestas de valor significativas que resuenen con su audiencia objetivo. El *marketing* estratégico no solo trata de vender productos o servicios, sino de brindar soluciones que mejoren la vida de los clientes.

El *marketing* estratégico es un juego a largo plazo. Si bien las tácticas de *marketing* operativo pueden brindar resultados rápidos, el enfoque estratégico busca construir una base sólida para el éxito sostenible. Las MYPE deben planificar no solo para el próximo trimestre, sino para los próximos años. Esto implica tomar decisiones que tengan un impacto duradero y que posicionen a la empresa para el crecimiento continuo.

La sinfonía de decisiones: integrando elementos clave

Así como una sinfonía combina diferentes instrumentos para crear una obra maestra musical, el *marketing* estratégico integra diferentes elementos para lograr una estrategia efectiva. Estos elementos incluyen la segmentación de mercado, el posicionamiento, el desarrollo de productos, las estrategias de precios y distribución, la promoción y la retención de clientes. Cada uno de estos elementos desempeña un papel fundamental en la creación de una estrategia coherente y sólida.

La melodía de la segmentación de mercado es la primera nota en esta sinfonía. Las MYPE deben dividir su mercado en segmentos que comparten características y necesidades similares. Cada segmento se convierte en una nota distintiva en la melodía general de la estrategia. Al comprender las diferentes demandas de cada segmento, las MYPE pueden personalizar sus mensajes y tácticas para resonar con precisión con cada grupo objetivo.

El posicionamiento estratégico es el ritmo que guía la estrategia de *marketing*. Define cómo la MYPE quiere ser percibida en el mercado en relación con sus competidores. Al elegir un posicionamiento claro y único, las MYPE establecen un ritmo distintivo que resuena en la mente de los consumidores. Esto impulsa la elección de tácticas y canales de *marketing* que reflejen y refuercen este posicionamiento.

Los canales de distribución son los instrumentos armónicos que llevan el mensaje de *marketing* a la audiencia. Al seleccionar los canales adecuados, las MYPE crean una armonía que permite que su mensaje llegue de manera eficaz y eficiente a los consumidores. Pueden optar por canales tradicionales, como tiendas físicas o canales digitales, como redes sociales y comercio electrónico, según la naturaleza de su audiencia y sus objetivos.

El timbre de la promoción creativa es el distintivo de la estrategia de *marketing*. Aquí es donde las MYPE pueden demostrar su creatividad y generar interés. La elección de tácticas promocionales, como publicidad, contenido de valor, eventos y campañas especiales, crea un timbre único que resuena en los corazones y mentes de los consumidores. La promoción efectiva crea una impresión duradera y fomenta la participación del público.

El *crescendo* en una sinfonía es el momento de mayor intensidad. En la estrategia de *marketing*, este momento ocurre cuando se fomenta la lealtad del cliente. Las MYPE deben esforzarse por crear experiencias excepcionales que generen una conexión emocional con los clientes. Programas de recompensas, servicio al cliente excepcional y comunicación constante contribuyen a un *crescendo* de lealtad que fortalece la relación a largo plazo con los clientes.

La resolución de la medición y mejora. Al igual que una sinfonía llega a su resolución final, la estrategia de *marketing* culmina en la medición y mejora continua. Las MYPE deben medir meticulosamente el rendimiento de sus tácticas y estrategias utilizando métricas clave. Esta evaluación constante permite identificar lo que está funcionando y lo que necesita ajustarse. La resolución de la medición y mejora garantiza que la estrategia de *marketing* esté en constante evolución y mejora, listo para enfrentar los desafíos cambiantes del mercado.

La integración armoniosa de estos elementos clave en la estrategia de *marketing* de una MYPE es como dirigir una sinfonía exitosa. Cada decisión estratégica se convierte en una nota en la melodía general, y cada nota contribuye al resultado final. Al comprender cómo estos elementos interactúan y se influencian mutuamente, las MYPE pueden crear una sinfonía de *marketing* que resuene con su audiencia y cree un impacto duradero en el mercado. En las siguientes secciones, exploraremos ejemplos concretos de cómo las MYPE pueden aplicar estos conceptos para construir estrategias de *marketing* exitosas y memorables.

Construyendo una estrategia robusta: el camino hacia el éxito en el *marketing* estratégico

Una estrategia robusta es la base sobre la cual una micro, pequeña o mediana empresa puede construir su éxito en el mundo del *marketing* estratégico. El primer paso en la construcción de una estrategia robusta es establecer objetivos claros y medibles. Las MYPE deben definir lo que desean lograr con su estrategia de *marketing*, ya sea aumentar las ventas en un cierto porcentaje, expandirse a un nuevo mercado o mejorar el reconocimiento de la marca. Estos objetivos deben ser específicos, medibles, alcanzables, relevantes y limitados en el tiempo (SMART). Al establecer objetivos concretos, las MYPE tienen un punto de referencia claro para evaluar su éxito y progreso.

Asimismo, una estrategia robusta se basa en una comprensión profunda de la audiencia objetivo. Las MYPE deben invertir tiempo en investigar y comprender a sus clientes potenciales. Esto incluye analizar sus necesidades, deseos, comportamientos de compra y preferencias. Al conocer a la audiencia objetivo en profundidad, las MYPE pueden adaptar sus mensajes y tácticas de *marketing* para conectar de manera efectiva y crear un impacto significativo.

El diseño de una propuesta de valor única es lo que las distingue en el mercado. Debe responder a la pregunta: «¿Por qué los clientes deberían elegirnos?». Una propuesta de valor sólida comunica de manera clara y convincente cómo los productos o servicios de la MYPE resuelven problemas específicos o satisfacen necesidades del cliente de una manera única. Construir una propuesta de valor convincente es esencial para establecer una posición sólida en el mercado y atraer la atención de los clientes.

La segmentación de mercado implica dividir el mercado en grupos más pequeños y homogéneos según características y comportamientos compartidos. Las MYPE deben identificar los segmentos que son más atractivos y relevantes para su oferta. Luego, deben posicionar su marca de manera estratégica dentro de esos segmentos para que se destaque y resuene. Esta selección y posicionamiento estratégico permite a las MYPE enfocar sus recursos y esfuerzos en áreas donde tienen el mayor potencial de éxito.

Elegir tácticas y canales de *marketing* eficientes es esencial para llevar la estrategia a la acción. Las MYPE deben seleccionar las tácticas que se alineen con sus objetivos y que sean más efectivas para llegar a su audiencia objetivo. Esto podría incluir publicidad en redes sociales, *marketing* de contenidos, relaciones públicas, eventos promocionales y más. La elección de canales y tácticas debe basarse en la investigación de mercado y en una comprensión profunda de dónde y cómo interactúan los clientes potenciales.

La construcción de una estrategia robusta no termina una vez que se pone en marcha. Las MYPE deben medir y evaluar constantemente el rendimiento de sus tácticas y estrategias. Esto implica el seguimiento de métricas clave, como el retorno de la inversión, la tasa de conversión y el alcance de la audiencia. La retroalimentación constante permite a las MYPE ajustar y optimizar su enfoque según sea necesario, asegurando que su estrategia se mantenga efectiva en un entorno empresarial en constante cambio.

La estrategia como piedra angular del éxito. Construir una estrategia robusta es fundamental para el éxito en el *marketing* estratégico. Al definir objetivos claros, comprender a la audiencia, desarrollar una propuesta de valor única, seleccionar estrategias de segmentación y posicionamiento, elegir tácticas y canales efectivos, medir y mejorar constantemente, las MYPE pueden establecer un camino sólido hacia el logro de sus metas comerciales. La construcción de esta estrategia es una inversión crucial que permite a las MYPE navegar por el mundo competitivo del *marketing* con confianza y determinación.

Definiendo la propuesta de valor y posicionamiento

Siguiendo nuestra travesía en la orquestación del éxito en el *marketing* estratégico, llegamos a una sección crucial que es como el lienzo en blanco donde pintaremos la esencia única de tu MYPE: la definición de una propuesta de valor sólida y el logro de un posicionamiento estratégico distintivo. Estos elementos se convierten en los colores y pinceladas que compondrán la obra maestra de tu estrategia de *marketing*, permitiendo que tu MYPE se destaque en un panorama competitivo.

La galería de la propuesta de valor

Imagina tu MYPE como una galería de arte, donde cada cuadro es una propuesta de valor que se muestra con orgullo. Cada cuadro, en este caso, representa una promesa única que ofreces a tus clientes. Esta promesa no solo debe captar su atención, sino también despertar emociones y necesidades profundas. Al igual que un artista cuidadosamente selecciona su paleta de colores, debes elegir los atributos y características más impactantes de tu oferta para crear una propuesta de valor distintiva.

Los trasfondos ocultos: ventajas competitivas

Detrás de cada obra de arte, hay capas de significado que solo el artista entiende. De manera similar, en el mundo del *marketing* estratégico, tus ventajas competitivas son los matices y detalles que hacen que tu MYPE sea única. Son los detalles que tus competidores no pueden replicar fácilmente. Puede ser la artesanía excepcional de tus productos, la historia única de tu marca o la conexión personal que estableces con tus clientes. Al identificar y comprender estas ventajas, puedes tejer una historia convincente y auténtica alrededor de tu propuesta de valor.

La luz y la sombra: comunicación efectiva

Un artista hábil juega con la luz y la sombra para resaltar los detalles más importantes de su obra. En el *marketing* estratégico, la comunicación efectiva desempeña un papel similar. Debes iluminar los aspectos más impactantes de tu propuesta de valor para que destaquen en la mente de tus clientes. La comunicación coherente y convincente, a través de diversos canales, actúa como la luz que guía a tus clientes hacia la comprensión completa y la apreciación de lo que ofreces.

El cuadro en la galería: posicionamiento estratégico

En la galería de arte de tu mercado, el posicionamiento estratégico es el lugar donde decides colgar tu cuadro. es la ubicación única que eliges para tu propuesta de valor en la mente de tus clientes. Tal como un cuadro colocado en un lugar prominente en la galería atrae la atención de los visitantes, un posicionamiento estratégico bien elegido asegura que tu MYPE sea percibida de la manera que deseas. Decide si deseas ser reconocido por tu innovación, calidad excepcional, precio asequible u otros atributos clave.

El arte del posicionamiento exitoso

El arte del posicionamiento exitoso es como esculpir una figura única en la mente de los consumidores, una figura que se destaca entre el ruido del mercado y deja una impresión duradera. Es el acto de cuidadosamente seleccionar el terreno en el que tu marca florecerá, definiendo cómo deseas que el mundo te perciba. Al igual que un escultor decide cada trazo y detalle, tú determinas los atributos y valores que harán que tu marca sea inconfundible. El posicionamiento exitoso implica no solo elegir una ubicación en la mente de los consumidores, sino también mantener y fortalecer esa imagen a lo largo del tiempo, a través de una comunicación coherente y estrategias alineadas.

En este mundo saturado de opciones, el arte del posicionamiento exitoso radica en la capacidad de provocar una reacción instantánea y positiva cuando los clientes piensan en tu marca. Es como tejer una historia persuasiva alrededor de tu oferta, una historia que conecta emocionalmente con tus clientes y resuena en sus corazones. Al dominar este arte, tu marca se convierte en una presencia distintiva en el mercado, capaz de atraer, cautivar y convertir, mientras deja una huella imborrable en la percepción de aquellos a quienes sirves.

El arte de destacar en la multitud

La definición de una propuesta de valor sólida y un posicionamiento estratégico distintivo es como crear una obra maestra en el mundo del *marketing*. Al seleccionar las ventajas competitivas adecuadas, comunicar de manera efectiva y posicionar tu propuesta de valor en la mente de los clientes, tu MYPE puede destacar en el mercado como una pieza única en una galería de opciones. En el vasto lienzo del mercado actual, donde las empresas compiten por la atención de los consumidores, el arte de destacar en la multitud se convierte en un imperativo estratégico para las MYPE. A lo largo de este capítulo, hemos desglosado meticulosamente este arte, explorando cómo las MYPE pueden esculpir su identidad única y lograr un posicionamiento exitoso en un entorno empresarial saturado.

Similar a un artista que selecciona cuidadosamente su paleta de colores para dar vida a una obra maestra, las MYPE deben identificar y resaltar sus ventajas competitivas para crear una propuesta de valor que resuene con su audiencia. esta propuesta de valor, como el lienzo donde un artista plasma su visión, debe comunicarse con coherencia y profundidad para que las percepciones de los consumidores sean pintadas con los trazos precisos de lo que la marca representa.

No menos importante es el papel del posicionamiento estratégico, que puede ser comparado con el marco que rodea y enmarca la obra de arte. Es aquí donde la MYPE decide cómo quiere ser percibida en la mente de los consumidores. Al elegir una ubicación estratégica y cuidadosamente diseñada en esta «galería mental», la MYPE puede influir en la interpretación y apreciación que los consumidores tienen de su marca.

En un mercado donde cada MYPE lucha por una porción de atención, el arte del posicionamiento exitoso es como tallar una escultura en la mente de los consumidores. Cada decisión estratégica, desde la construcción de la propuesta de valor hasta la elección del posicionamiento estratégico, es como un cincel que da forma a esa escultura, creando una representación duradera y distintiva de lo que la marca representa.

El arte de destacar en la multitud no es solo una cuestión de visibilidad, sino de conexión emocional. Así como un cuadro puede transmitir emociones y contar una historia, el posicionamiento exitoso permite que la MYPE transmita su narrativa única y se conecte profundamente con su audiencia. Cada decisión estratégica, cada mensaje compartido y cada interacción con los clientes se convierten en los trazos que dan forma a esta narrativa.

Del mismo modo que un artista meticuloso juega con sombras y luces para resaltar los detalles más importantes de su obra, las MYPE deben comunicar su Propuesta de Valor con coherencia y profundidad en cada interacción con los clientes. La comunicación efectiva y alineada es como el juego de luces que destaca las características más impactantes de la marca, permitiendo que los consumidores comprendan y aprecien plenamente lo que se ofrece.

La comunicación, en este contexto, actúa como el juego de luces que ilumina las características más sobresalientes de la propuesta de valor de la MYPE. Al alinear cada mensaje y punto de contacto, se crea un juego de luces y sombras que destaca las cualidades únicas y valiosas de la marca. Esta iluminación estratégica permite a los consumidores no solo ver, sino comprender y apreciar plenamente lo que se ofrece.

La profundidad en la comunicación es crucial porque va a permitir que nuestro concepto resuene en los corazones y las mentes de los consumidores. Al igual que un artista puede expresar múltiples capas de significado en su obra, las MYPE deben comunicar la riqueza y complejidad de su propuesta de valor en cada interacción. Esto no solo se trata de transmitir información, sino de crear una experiencia que inspire confianza y lealtad.

Llevemos con nosotros el entendimiento de que la comunicación efectiva es el vehículo que permite a las MYPE pintar su propuesta de valor con colores vivos y definidos en la mente de los consumidores. Tal como un juego de luces bien ejecutado transforma una escena, la comunicación alineada y estratégica transforma la percepción de la marca en la audiencia.

A medida que cerramos este capítulo y miramos hacia adelante, recordemos que este arte requiere dedicación constante. La multitud es diversa y ruidosa, pero dentro de ella, cada MYPE tiene la oportunidad de destacar y dejar una impresión indeleble.

En el siguiente capítulo, exploraremos cómo la innovación puede actuar como un soplo de aire fresco en esta sinfonía de *marketing* estratégico, permitiendo que las MYPE continúen evolucionando y manteniéndose en sintonía con las demandas cambiantes del mercado. Hasta entonces, reflexionemos sobre cómo podemos aplicar el arte del posicionamiento exitoso en nuestras propias estrategias y cómo podemos tejer una narrativa que resuene y se destaque en este vasto panorama empresarial. En cada trazo, en cada decisión, está la oportunidad de crear una obra maestra de posicionamiento y destacar en esta multitud dinámica y desafiante.

Capítulo 3

La innovación como soplo de aire fresco en la sinfonía del *marketing* estratégico

Un escenario en constante cambio del mercado empresarial, la innovación emerge como un protagonista central en la sinfonía del *marketing* estratégico para las MYPE. En este capítulo, exploraremos cómo la innovación puede infundir un soplo de aire fresco en la estrategia de *marketing* de una MYPE, permitiéndole evolucionar y mantenerse en sintonía con las demandas cambiantes del mercado.

Bailando al ritmo del cambio

Imagina que la estrategia de *marketing* de una MYPE es una coreografía elegante y sincronizada en el escenario del mercado. Cada movimiento, cada giro y cada salto representan una decisión estratégica tomada para cautivar a la audiencia. En esta danza, la innovación se convierte en el elemento que infunde frescura y originalidad. Como un nuevo paso en la coreografía, la innovación permite que la MYPE se destaque, atrayendo miradas y generando entusiasmo.

Así como un bailarín virtuoso es capaz de improvisar y sorprender a la audiencia con movimientos inesperados, una MYPE innovadora se desafía a sí misma a pensar más allá de los límites convencionales. La innovación en la estrategia de *marketing* es como un giro sorprendente que rompe la rutina y mantiene a la audiencia emocionada por lo que vendrá después. Cada decisión innovadora es como una coreografía única que deja una impresión duradera en la mente de los consumidores, creando una conexión genuina y significativa.

La danza estratégica entre la MYPE y la innovación requiere un equilibrio cuidadoso y una sincronización precisa. Al igual que un baile bien ejecutado requiere coordinación y ensayo, la innovación en la estrategia de *marketing* implica planificación estratégica y ejecución cuidadosa. Cada paso audaz debe estar alineado con la visión y los valores de la MYPE, creando una experiencia coherente y auténtica para los consumidores.

En esta coreografía de innovación, cada decisión estratégica es como una nota musical en una partitura única. Cada acorde, cada cambio de tono y cada pausa estratégica contribuyen a la narrativa general de la marca y a la experiencia del cliente. La innovación se convierte en la melodía constante que guía la danza, permitiendo que la MYPE se adapte y evolucione con gracia en respuesta a los cambios del mercado. Como bailarines en el escenario, las MYPE que abrazan la innovación no solo cautivan a la audiencia, sino que también dejan una impresión duradera en el corazón de su industria.

Creación de nuevas perspectivas

La innovación es como un lienzo en blanco esperando a ser pintado con colores vibrantes y audaces. Para una MYPE, esto significa explorar nuevas formas de abordar el mercado, lanzar productos únicos o redefinir la experiencia del cliente. Al mirar más allá de lo convencional, una MYPE puede descubrir oportunidades inexploradas y dar vida a ideas frescas que sorprendan y atraigan a la audiencia.

Este lienzo en blanco se convierte en el escenario donde las MYPE pueden liberar su creatividad y explorar territorios no explorados. Es como el lienzo de un artista, listo para recibir cada pincelada de innovación que transformará la visión en realidad. Cada pincelada audaz es como una oportunidad de romper con la monotonía y destacar entre la multitud, capturando la atención de los consumidores y dejando una impresión duradera.

Al igual que un artista experimenta con diferentes colores y técnicas para crear una obra maestra única, una MYPE puede experimentar con enfoques innovadores que revolucionen su industria. Cada experimento es como un trazo en el lienzo de la innovación, contribuyendo a una imagen más grande y audaz. A medida que se exploran nuevas perspectivas, se pueden descubrir nichos de mercado no aprovechados y oportunidades para diferenciarse de la competencia.

En este proceso de creación de nuevas perspectivas, la innovación se convierte en la chispa que enciende la llama de la creatividad y la transformación. Cada idea audaz es como una pincelada de inspiración que puede cambiar el rumbo de una MYPE y llevarla hacia nuevos horizontes. A medida que el lienzo de la innovación se llena con ideas frescas y emocionantes, la MYPE construye una relación e interacción única con su audiencia y de esa forma destaca en un mundo empresarial cada vez más diverso y competitivo.

Rompiendo barreras creativas

Así como un artista revoluciona une a industria con una idea innovadora, las MYPE pueden romper las barreras creativas en su mercado. La innovación no se trata solo de cambiar por el cambio, sino de desafiar las normas y encontrar formas únicas de abordar los desafíos. Al adoptar una mentalidad abierta y creativa, una MYPE puede revolucionar su industria y captar la atención de una manera que nunca antes se había imaginado.

Esta revolución creativa es como una brisa fresca que recorre el paisaje empresarial, llevando consigo nuevas ideas y enfoques audaces. Al romper las barreras convencionales, una MYPE puede liberar su potencial para la innovación y abrir un camino hacia la diferenciación y el éxito sostenible. Cada desafío superado es como un obstáculo eliminado en el camino hacia la transformación y la relevancia continua.

Al igual que un artista ve más allá de los límites tradicionales del arte para crear una obra maestra única, una MYPE puede explorar más allá de los confines de su industria para descubrir oportunidades y soluciones revolucionarias. La innovación puede venir de la observación de otras industrias, la adaptación de tecnologías emergentes o la fusión de conceptos aparentemente inconexos. Al pensar de manera no convencional, una MYPE puede hacer frente las limitaciones autoimpuestas y abrirse a un mundo de posibilidades ilimitadas.

Esta ruptura de barreras creativas requiere valentía y determinación. Del mismo modo que un artista se enfrenta a la incertidumbre y la resistencia al presentar una nueva visión, una MYPE debe estar dispuesta a enfrentar desafíos y enfrentarse a la resistencia al cambiar las reglas del juego. Sin embargo, es precisamente esta voluntad de desafiar lo establecido lo que puede permitir que una MYPE se destaque y cree una huella indeleble en su industria.

En última instancia, romper barreras creativas es un acto de empoderamiento y transformación. Es una declaración audaz de que una MYPE está lista para afrontar las expectativas, abrazar la innovación y liderar el cambio en su mercado. Al liberar su creatividad y adoptar una mentalidad abierta, una MYPE puede cambiar el juego, captar la atención y convertirse en un faro de inspiración para otras empresas en busca de un camino hacia la excelencia y el impacto duradero.

Componiendo la melodía del éxito

En este escenario en constante evolución, el proceso de diseño de una estrategia de *marketing* efectiva para una MYPE se asemeja a la composición de una melodía cautivadora. Cada nota, cada acorde y cada cambio de tono se combinan para crear una experiencia emocional única para el oyente. De manera similar, cada elemento de la estrategia de *marketing*, desde la segmentación del mercado hasta la comunicación de la propuesta de valor, trabaja en armonía para captar y cautivar a la audiencia.

Esta composición estratégica es como una sinfonía cuidadosamente orquestada, donde cada instrumento tiene un papel crucial que desempeñar. La segmentación del mercado es como la selección de los músicos adecuados para cada sección de la orquesta, asegurando que cada nota resuene con el público objetivo. La investigación de mercado se convierte en la partitura que guía a los músicos, proporcionándoles las pautas necesarias para crear una interpretación impactante.

Así como un director de orquesta guía a los músicos para que toquen en armonía, la MYPE debe liderar su equipo y recursos hacia la ejecución exitosa de la estrategia de *marketing*. Cada miembro del equipo es como un músico talentoso, aportando su experiencia única para contribuir a la melodía general. La comunicación efectiva y la alineación de objetivos son como las batutas que dirigen el ritmo y aseguran que cada elemento esté en sincronía.

Del mismo modo que una melodía evoluciona y se adapta a lo largo de su interpretación, la estrategia de *marketing* de una MYPE también debe ser flexible y adaptable. Los cambios en el mercado y las tendencias son como variaciones en el tempo de la música, y la MYPE debe estar preparada para ajustar su estrategia en respuesta. La improvisación estratégica es como un solo de instrumento que permite a la MYPE responder de manera creativa a los desafíos y oportunidades que surgen, creando una sinfonía empresarial que resuena con éxito y crecimiento continuo.

Diseñando la armonía del *marketing* mix

Tal como un director de orquesta guía a los músicos para lograr una armonía perfecta, las MYPE pueden dirigir su estrategia de *marketing* utilizando los 4P del *marketing* mix: *producto, precio, plaza* y *promoción.* Cada uno de estos componentes representa una nota en la partitura de *marketing,* y es la combinación y sincronización de estas notas lo que crea una melodía cautivadora para los consumidores.

El *producto* es la nota fundamental en esta sinfonía de *marketing.* Al igual que una melodía memorable se basa en un tema sólido, la MYPE debe definir y desarrollar su producto con una propuesta de valor única. La innovación y la atención a las necesidades del cliente son como las variaciones y armonías que enriquecen el tema principal, creando un producto distintivo que resuene con la audiencia.

El *precio* entra en juego como la melodía que establece el tono y el ritmo de la interacción con los consumidores. Así como una canción puede variar en intensidad y tempo, la estrategia de precio de una MYPE puede adaptarse para reflejar diferentes enfoques y ofertas. La flexibilidad en el precio, como la capacidad de tocar diferentes tonos, puede permitir a la MYPE ajustar su estrategia según las demandas cambiantes del mercado y las preferencias del cliente.

La *plaza,* o la distribución, es como la sinfonía que guía los movimientos de los músicos en el escenario. La elección de canales de distribución y la accesibilidad del producto son como la coreografía que asegura que cada nota llegue al público en el momento y lugar adecuado. La innovación en la distribución, como la incorporación de canales en línea o experiencias de compra únicas, puede dar a la MYPE una ventaja competitiva y ampliar su alcance.

La *promoción* es como el *crescendo* que construye emoción y anticipación en la audiencia. De igual forma que una melodía crece en intensidad antes de alcanzar su clímax, una estrategia de promoción efectiva puede generar un interés constante y llevar a los consumidores a tomar medidas. La creatividad en la promoción, como la variación en el ritmo y el tono de una canción, puede generar entusiasmo y mantener la atención del público, llevando a una mayor participación y lealtad del cliente.

Creando ofertas únicas

El producto, como un solista en una sinfonía, toma el centro del escenario en el *marketing* mix. La innovación aquí implica crear productos únicos y relevantes que resuelvan problemas o satisfagan necesidades insatisfechas en el mercado. Al infundir elementos innovadores en el diseño y la funcionalidad de los productos, una MYPE puede cautivar a la audiencia y establecer una conexión emocional duradera.

Cada nota de innovación añadida al producto es como una variación melodiosa en una composición musical. Al incorporar características inesperadas o mejoras sorprendentes, la MYPE puede transformar un producto común en una experiencia excepcional para el consumidor. De la misma forma en que un solista domina el escenario con su interpretación única, el producto innovador se destaca en el mercado, atrayendo miradas y generando un eco emocional en la mente de los clientes.

La innovación en el diseño de productos puede abrir nuevas puertas de oportunidad. Imagina que una MYPE que vende productos de belleza introduce una línea basada en ingredientes naturales y sostenibles, destacándose en un mercado saturado. Esta decisión estratégica actúa como un solo virtuoso en la sinfonía de la marca, permitiendo que la MYPE destaque y resuene en la mente de los consumidores que buscan opciones más conscientes y saludables.

El producto como solista es el protagonista que toca los acordes emocionales de los clientes. Al diseñar ofertas únicas y memorables, una MYPE puede crear una conexión duradera con su audiencia, tocando las fibras sensibles de sus necesidades y deseos. La innovación en el producto es como la melodía cautivadora que perdura en la memoria de los consumidores, definiendo la identidad de la marca y su lugar en el escenario competitivo.

Equilibrando valor y asequibilidad

El precio es como el ritmo en una melodía, estableciendo el tono y la dirección de la experiencia del consumidor. Aquí, la innovación implica encontrar el equilibrio perfecto entre el valor que se ofrece y la asequibilidad para los clientes. Las MYPE pueden experimentar con modelos de precios innovadores, ofertas especiales o programas de fidelización que atraigan y retengan a los consumidores.

Así como una secuencia de ritmo cambia en una sinfonía, las MYPE pueden introducir ofertas especiales estratégicamente diseñadas para momentos clave, como temporadas de alta demanda o fechas especiales. Estas ofertas pueden generar un impacto temporal en la percepción del valor y crear una sensación de oportunidad para los consumidores. Además, programas de fidelización bien estructurados actúan como un estribillo pegajoso, manteniendo la atención y el compromiso de los clientes a lo largo del tiempo.

La melodía de precios de una MYPE puede adoptar diferentes tonalidades para diferentes segmentos de mercado, resonando con distintos grupos de consumidores. Los precios psicológicos, por ejemplo, pueden influir en cómo los clientes perciben el valor de un producto o servicio, mientras que los precios *premium* pueden apuntar a un público que valora exclusividad y estatus. Estas variaciones en el precio añaden profundidad y textura a la estrategia general, enriqueciendo la experiencia del cliente y generando múltiples oportunidades de conexión.

En el transcurso de la sinfonía de precios, las MYPE pueden demostrar una comprensión profunda de las necesidades y deseos de sus clientes al equilibrar cuidadosamente el valor con la asequibilidad. Tal como una melodía envolvente cautiva a la audiencia, una estrategia de precios innovadora puede encantar a los consumidores y asegurar que la marca resuene en sus mentes y corazones.

Llegando a la audiencia correcta

La distribución, o plaza, es como el coro de apoyo en una sinfonía, proporcionando un respaldo que realza la experiencia general. La innovación en este aspecto implica explorar canales de distribución no convencionales o adoptar enfoques digitales para llegar a la audiencia correcta en el momento adecuado. Al hacerlo, una MYPE puede ampliar su alcance y conectarse con nuevos segmentos de mercado.

La distribución estratégica puede evolucionar a medida que la MYPE busca llegar a nuevos públicos. Esto podría incluir la exploración de alianzas colaborativas con otras marcas, donde la distribución se convierte en una colaboración armoniosa que beneficia a ambas partes. De manera similar, adoptar enfoques digitales puede ser como incorporar instrumentos modernos en una composición clásica, agregando una dimensión contemporánea a la experiencia de distribución.

Una plaza establecida estratégicamente es como el coro que completa una sinfonía, añadiendo profundidad y textura a la experiencia del consumidor. Al explorar nuevas formas de llegar a la audiencia correcta y adaptar la distribución a las cambiantes tendencias del mercado, una MYPE puede asegurar que su música llegue a los oídos adecuados en el momento oportuno, generando una resonancia emocional que perdure en el tiempo.

La innovación en la distribución puede manifestarse en la creación de experiencias de cliente excepcionales. Así como una interpretación musical cautiva a la audiencia, una MYPE puede cautivar a sus clientes al ofrecer opciones de entrega personalizadas, rastreo en tiempo real o incluso opciones de recolección en puntos convenientes. Estas adiciones innovadoras a la experiencia de distribución pueden transformar una simple transacción en un momento Inolvidable para la audiencia.

En esta sinfonía del *marketing* estratégico, la promoción toma el papel de un *crescendo* emocional, construyendo gradualmente la anticipación y la emoción en la audiencia. Es como la escalada emocional en una melodía, donde cada nota se eleva para alcanzar un clímax emotivo. Aquí, la innovación adquiere su forma al transformar la promoción en experiencias memorables y únicas para los consumidores. Mediante el uso de contenido creativo, estrategias de *marketing* experiencial o colaboraciones estratégicas, una MYPE puede captar la atención y generar un impacto profundo en la mente y el corazón de su audiencia.

Al igual que en una composición musical, donde una pieza culmina en una coda que resuena en los oídos del oyente, la innovación en el *marketing* estratégico también tiene su culminación. Esta culminación se manifiesta en la forma de una impresión duradera en la mente y el corazón de los consumidores. Es como un legado que persiste mucho después de que se haya completado una transacción. La innovación no solo permite a las MYPE evolucionar y adaptarse, sino también desafiar constantemente las expectativas del mercado. Este enfoque dinámico mantiene a las MYPE en sintonía con las cambiantes demandas y les permite seguir siendo relevantes en la sinfonía empresarial.

El proceso de diseño de una estrategia de *marketing* innovadora para una MYPE es como componer una partitura única. Cada elemento, desde la identificación de oportunidades innovadoras hasta la integración de los 4P del *marketing* mix, desempeña su papel en la creación de una melodía estratégica cautivadora. Tal como un compositor elige cuidadosamente cada nota y acorde para transmitir una emoción específica, una MYPE selecciona cada elemento de su estrategia para lograr un impacto deseado en su audiencia.

Del mismo modo que un músico busca inspiración para componer una nueva melodía, las MYPE deben explorar y descubrir oportunidades innovadoras en su mercado. La búsqueda de estas oportunidades puede implicar la identificación de brechas en la oferta actual, la observación de tendencias emergentes o la creación de soluciones únicas para abordar desafíos específicos. Como una melodía original, estas oportunidades pueden definir la dirección y el enfoque de la estrategia de *marketing* de una MYPE.

En la composición de una estrategia de *marketing* efectiva y creativa, los 4P del *marketing* mix se convierten en las notas clave que forman la base de la melodía. El *producto*, el *precio*, la *plaza* y la *promoción* deben entrelazarse en armonía, cada uno contribuyendo a la narrativa general de la marca y a la experiencia del cliente. Similar a cómo diferentes instrumentos se unen para crear una armonía única en una sinfonía, estos elementos se combinan para formar una experiencia coherente y atractiva para los consumidores.

El *producto*, como el tema central en una composición musical, desempeña un papel crucial al definir la propuesta de valor de la MYPE. La innovación en este contexto implica la creación de productos únicos, la mejora de características existentes o la adaptación de soluciones para satisfacer las cambiantes necesidades del mercado. Al mantener al *producto* como el hilo conductor en la composición estratégica, la MYPE construye una narrativa sólida y coherente que resuena con la audiencia.

Como el ritmo en una sinfonía, el precio establece el tono de la relación entre la marca y los consumidores. La innovación en la estrategia de precio puede manifestarse en la creación de modelos de precios flexibles, ofertas exclusivas o paquetes de valor que atraigan y retengan a los clientes. Así como un ritmo bien ejecutado contribuye a la fluidez de una melodía, un enfoque innovador en el precio puede enriquecer la percepción de valor que los consumidores tienen de la MYPE.

La *distribución*, o *plaza*, es como la armonización en una pieza musical, asegurando que cada nota se entregue en el momento y lugar adecuado. La innovación en la estrategia de distribución radica en la elección de canales que optimicen la accesibilidad y la conveniencia para los consumidores. Similar a cómo una armonía bien coordinada agrega profundidad y textura a una melodía, una estrategia de distribución innovadora puede enriquecer la experiencia del cliente y fortalecer la conexión con la marca.

Como el *crescendo* en una pieza musical, la promoción aumenta la emoción y el impacto a medida que se acerca el clímax. La innovación se manifiesta en la creación de campañas promocionales creativas y memorables. Desde estrategias de contenido atractivo hasta eventos experienciales únicos, una MYPE puede utilizar la innovación en la promoción para generar una resonancia emocional y crear un impacto duradero en la mente de los consumidores.

Del mismo modo que una sinfonía combina múltiples instrumentos en una experiencia auditiva unificada, una estrategia de *marketing* innovadora une los elementos de los 4P en una experiencia coherente y envolvente para los consumidores. La innovación actúa como el director de esta sinfonía, guiando la interacción y la percepción del público.

En última instancia, el diseño de una estrategia de *marketing* efectiva y creativa para una MYPE es como una interpretación musical llena de pasión y expresión. Cada decisión, cada elección y cada innovación contribuyen a la narrativa única de la marca en el mercado. Al igual que un músico interpreta una pieza con su propio estilo y emoción, una MYPE debe abordar su estrategia de *marketing* con autenticidad y creatividad, creando una experiencia que resuene con su audiencia y deje una impresión duradera.

A medida que cerramos este capítulo, llevemos con nosotros la comprensión de que la innovación es la fuerza que impulsa la evolución y adaptación continua de una MYPE en el escenario empresarial. Al utilizar la innovación como una herramienta estratégica, las MYPE pueden mantenerse en sintonía con las demandas cambiantes del mercado y continuar cautivando a su audiencia en la sinfonía del *marketing* estratégico. En el próximo capítulo, exploraremos cómo la ejecución efectiva de la estrategia se convierte en un baile preciso y armonioso, y cómo el enfoque en la implementación puede llevar a una MYPE a la cima del éxito en su mercado. Hasta ese momento, es importante que reflexionemos sobre cómo podemos integrar la innovación en cada aspecto de nuestra estrategia de *marketing* y cómo podemos crear una experiencia única y memorable para nuestros clientes en este emocionante viaje de crecimiento y evolución empresarial.

Capítulo 4

Rumbo hacia el éxito en el mercado: el baile preciso de la ejecución estratégica

La ejecución efectiva de una estrategia de *marketing* es como un baile preciso y armonioso en el escenario del mercado. Cada paso, cada movimiento y cada detalle importan para lograr una presentación impactante que atraiga y retenga a la audiencia. En este capítulo, exploraremos cómo transformar la estrategia en acción, cómo llevar a cabo el baile con maestría y cómo el enfoque en la implementación puede llevar a una MYPE a alcanzar la cima del éxito en su mercado.

La ejecución estratégica se inicia con la transformación de la estrategia en acciones tangibles. De la misma forma que un bailarín aprende los pasos básicos antes de la coreografía completa, una MYPE debe desglosar su estrategia en tareas concretas y asignar responsabilidades claras. Cada acción se convierte en un paso crucial en el camino hacia el éxito. La alineación de recursos y la planificación meticulosa son esenciales para asegurar que cada movimiento contribuya al objetivo general. Como un bailarín se prepara y ensaya antes de subir al escenario, una MYPE debe establecer un plan sólido y asegurarse de que todos comprendan su papel en la ejecución de la estrategia.

Una vez que las acciones están en marcha, la implementación se convierte en un baile de coordinación y sincronización. Cada departamento y miembro del equipo debe trabajar en armonía,

Al igual que un grupo de bailarines que se mueve al ritmo de la música. La comunicación constante y la supervisión son clave para mantener el ritmo y hacer ajustes si es necesario. Similar a un coreógrafo que observa la ejecución de cada paso, una MYPE debe estar atenta a los detalles y asegurarse de que la implementación esté en línea con la visión estratégica.

Conforme avanza la implementación, es esencial mantener la flexibilidad y la capacidad de respuesta. Como en una danza, situaciones inesperadas pueden surgir, requiriendo una adaptación rápida y efectiva. Una MYPE debe ser capaz de ajustarse y cambiar su enfoque según las circunstancias cambiantes del mercado. La detección de oportunidades y desafíos en tiempo real es crucial para mantener la integridad de la estrategia en el escenario empresarial. Así como un bailarín se adapta en el momento para mantener la fluidez de la coreografía, una MYPE debe ser ágil y estar dispuesta a cambiar de dirección si es necesario.

A medida que la implementación avanza, es esencial evaluar el desempeño y aprender de cada paso. De la misma manera que los bailarines observan grabaciones para mejorar, una MYPE debe analizar métricas y resultados para determinar la efectividad de la implementación. Esta evaluación constante permite identificar lo que funciona y lo que necesita ajustes. El aprendizaje continuo y la mejora iterativa son esenciales para mantener el éxito en movimiento y garantizar que cada paso en el baile estratégico sea más preciso y efectivo que el anterior. Al igual que un bailarín perfecciona su técnica con el tiempo, una MYPE puede perfeccionar su enfoque de ejecución estratégica a través de la reflexión y el refinamiento constantes.

La fuerza de la cultura organizacional y la importancia de que todos los integrantes se encuentren en una misma sintonía es realmente clave. El desarrollo de una ejecución efectiva no se trata solo de seguir un plan, sino de infundir una cultura organizacional que respalde y refleje la estrategia. Una MYPE exitosa debe inspirar a su equipo a abrazar la visión y los valores de la marca, llevando a cabo sus roles con entusiasmo y compromiso. La creación de una cultura que promueva la innovación, la colaboración y la excelencia operativa es esencial para que la ejecución sea fluida y armoniosa.

La cultura organizacional es el conjunto de creencias, valores y comportamientos compartidos por los miembros de la empresa. Como el ritmo que guía a los bailarines en una coreografía, la cultura orienta las acciones de los empleados en la dirección correcta. Una cultura sólida alinea a todos en torno a un propósito común y crea un ambiente en el que cada individuo se siente motivado a contribuir al éxito general. En una MYPE, esto implica transmitir una visión clara y establecer valores que resuenen con los empleados, fomentando una conexión emocional con la marca y su misión.

Para construir una cultura que respalde la ejecución efectiva, una MYPE debe involucrar a su equipo en la creación y el fomento de los valores organizacionales. Similar a cómo un grupo de bailarines contribuye con sus talentos individuales a la coreografía, cada miembro del equipo puede aportar sus perspectivas y habilidades únicas para enriquecer la cultura. La comunicación abierta y la participación activa en la definición de la cultura crean un sentido de propiedad y compromiso entre los empleados. Esto, a su vez, motiva a los equipos a esforzarse por llevar a cabo la estrategia con pasión y dedicación.

Una cultura organizacional fuerte también impulsa la adaptabilidad y la innovación. Del mismo modo que los bailarines deben ajustar sus movimientos según la música y el contexto, los empleados deben ser capaces de adaptarse a los cambios del mercado. Una cultura que fomente la experimentación y el aprendizaje continuo permite a una MYPE pivotar y evolucionar según sea necesario. Los equipos que se sienten seguros para probar nuevas ideas y enfoques son más propensos a encontrar soluciones creativas y efectivas para los desafíos que surgen en la ejecución.

La consistencia entre la cultura organizacional y la estrategia de *marketing* es fundamental. Al igual que los pasos de baile deben estar en sincronía con la música, la cultura debe estar alineada con los objetivos estratégicos. Si una MYPE busca destacarse por su innovación, pero su cultura fomenta la resistencia al cambio, la ejecución de la estrategia se verá obstaculizada. Por lo tanto, la coherencia entre lo que se dice y lo que se hace es esencial. Una cultura auténtica y coherente fortalece la confianza en la dirección de la empresa y mantiene a todos en la misma sintonía mientras ejecutan la estrategia.

La cultura organizacional es el pegamento que mantiene unidos los pasos de la ejecución estratégica. Una MYPE exitosa necesita una cultura que respalde y refleje su estrategia. La creación de esta cultura implica involucrar al equipo, alinear valores y objetivos, fomentar la adaptabilidad y garantizar la coherencia. Cuando todos los miembros de la MYPE están en la misma sintonía, la ejecución efectiva se convierte en un baile fluido y armonioso que lleva a la MYPE hacia el éxito en su mercado.

Un baile que evoluciona continuamente

La ejecución exitosa es dinámica y adaptable, de igual forma que una danza que evoluciona con cada movimiento. Las MYPE deben estar dispuestas a adaptarse a los cambios en el mercado y las necesidades cambiantes de los consumidores. La capacidad de pivotar y ajustar la estrategia a medida que se recopilan datos y se evalúan los resultados es fundamental para mantenerse en la cima. La innovación constante en la ejecución permite a una MYPE superar obstáculos y aprovechar nuevas oportunidades a medida que surgen.

La innovación continua en la ejecución es como una coreografía que se ajusta en tiempo real para mantenerse en sintonía con la audiencia. Una MYPE debe estar atenta a las señales del mercado y las retroalimentaciones de los clientes para detectar tendencias emergentes y cambios en sus preferencias. A medida que surgen nuevas oportunidades o desafíos, la capacidad de adaptación permite a la MYPE tomar decisiones informadas y rápidas para ajustar su enfoque y mantener su relevancia. Esto requiere una mentalidad ágil y una cultura que valore la experimentación y el aprendizaje constante.

La recopilación y el análisis de datos son como la partitura que guía el baile de la ejecución. Las MYPE deben implementar sistemas de seguimiento y métricas claras para evaluar el rendimiento de su estrategia en tiempo real. Al igual que un coreógrafo observa cada movimiento de los bailarines para asegurarse de que estén en sincronía, una MYPE debe monitorear constantemente sus indicadores clave de rendimiento para identificar áreas de mejora y tomar decisiones informadas. La interpretación de estos datos puede revelar patrones y tendencias que guíen ajustes estratégicos más efectivos.

La agilidad organizacional es el ritmo constante que impulsa la innovación continua en la ejecución. Las MYPE deben fomentar una cultura que permita la toma de decisiones ágiles y la experimentación controlada. Tal como los bailarines deben estar en sintonía con la música y entre sí, los equipos de una MYPE deben estar alineados y comunicarse de manera efectiva. La colaboración interdepartamental y la comunicación transparente son esenciales para garantizar que las adaptaciones en la ejecución se realicen de manera cohesiva y coordinada en toda la organización.

Entonces, se puede definir a la innovación continua en la ejecución como un baile constante entre la flexibilidad y la dirección estratégica. Al igual que los bailarines se adaptan a los cambios en el ritmo y la melodía, una MYPE debe ajustar su enfoque en función de los cambios en el mercado y los datos recopilados. La capacidad de mantener la mirada en los objetivos a largo plazo mientras se ajusta el camino hacia ellos es fundamental para el éxito sostenible. La innovación continua en la ejecución permite que una MYPE evolucione y mejore constantemente, manteniendo su competitividad y su lugar en el escenario empresarial.

Pasos estratégicos multicanal como presentación coherente en todos los escenarios. En un mundo digitalmente conectado, la ejecución estratégica requiere un enfoque multidimensional para llegar a la audiencia en todos los escenarios posibles. Los consumidores interactúan con las marcas a través de una variedad de canales, desde redes sociales hasta tiendas físicas y más allá. La coherencia en la presentación es clave para establecer una identidad sólida en todos estos puntos de contacto. Una MYPE exitosa debe trazar un plan estratégico que permita la entrega coherente de mensajes y experiencias en cada canal.

La cohesión en la ejecución multicanal se asemeja a un baile sincronizado en el que cada paso y movimiento complementa al siguiente. Cada canal debe tener su propósito y papel en la estrategia general. Desde la presencia en línea hasta las interacciones cara a cara, cada punto de contacto debe trabajar en armonía para entregar una experiencia fluida y uniforme para los consumidores. Esto requiere una comprensión profunda de cada canal y cómo se ajusta en el panorama general de la estrategia.

La personalización y la adaptabilidad son los movimientos que definen la ejecución multicanal efectiva. Cada canal puede tener un público y un propósito únicos, y es esencial adaptar el mensaje y la presentación en consecuencia. La tecnología desempeña un papel crucial al permitir la segmentación y personalización de los contenidos. Al entender las preferencias de la audiencia y adaptar la entrega en cada canal, una MYPE puede aumentar la relevancia y el impacto de su mensaje.

La gestión de datos y el análisis son los pasos de seguimiento que aseguran una ejecución multicanal exitosa. La recopilación de datos en cada punto de contacto proporciona información valiosa sobre el comportamiento del consumidor y la eficacia de la estrategia. Estos datos deben ser analizados para identificar tendencias y oportunidades de mejora. La iteración constante basada en la retroalimentación de los datos permite a una MYPE afinar su enfoque y lograr una presentación más precisa y efectiva en todos los escenarios.

Los pasos estratégicos multicanal son esenciales para presentar una imagen coherente en todos los escenarios en los que una MYPE interactúa con su audiencia. Al abordar cada canal con cohesión, personalización y análisis, una MYPE puede llevar a cabo un baile armonioso que resuene en la mente y el corazón de los consumidores.

El *feedback* como guía de mejora. Como un faro iluminando el camino, el *feedback* se convierte en un orientador clave en la ejecución estratégica hacia la mejora continua. Los comentarios directos de los clientes ofrecen una perspectiva genuina sobre cómo se está recibiendo la estrategia en el mercado. Cada opinión, cada sugerencia y cada crítica constructiva son oportunidades para ajustar y afinar los pasos de la ejecución. En este sentido, las MYPE deben fomentar una cultura que valore y busque activamente el *feedback*, tanto positivo como negativo, reconociendo que cada comentario es una oportunidad para crecer.

La retroalimentación también puede provenir de los propios miembros del equipo. Aquellos que están involucrados en la implementación pueden identificar puntos de fricción, áreas de mejora y posibles obstáculos. La colaboración interna es esencial para identificar posibles cuellos de botella y buscar soluciones proactivas. Al igual que en una coreografía, donde cada bailarín debe estar en sintonía con los demás, la retroalimentación del equipo garantiza que todos estén alineados y trabajando juntos para un resultado armonioso.

Una MYPE debe establecer canales claros y efectivos para recopilar el *feedback*. Esto puede incluir encuestas, comentarios en línea, sesiones de retroalimentación y más. Es importante garantizar que el proceso de recopilación de *feedback* sea fácil y accesible para los clientes y el equipo. Además, la retroalimentación debe ser analizada de manera sistemática para identificar patrones y tendencias. Esto requiere una evaluación constante y una mentalidad de mejora continua.

La aplicación efectiva del *feedback* también implica la agilidad para realizar ajustes rápidos. Una MYPE exitosa no solo recopila información, sino que también la utiliza para tomar decisiones informadas y realizar cambios cuando sea necesario. Esto puede implicar modificaciones en la estrategia de *marketing*, ajustes en la segmentación del mercado o cambios en la forma en que se abordan los canales específicos. La agilidad en la ejecución permite a una MYPE responder de manera rápida y efectiva a los cambios en el entorno empresarial y las necesidades del consumidor.

La ejecución efectiva de una estrategia se asemeja al arte de mantener una sinfonía en perfecta sintonía. Del mismo modo que un director de orquesta coordina cada instrumento para crear una melodía armoniosa, una MYPE debe gestionar sus recursos con precisión y optimizar sus operaciones para mantener el ritmo constante de la ejecución estratégica. La gestión de recursos es como afinar cada instrumento, asegurándose de que cada uno esté en el tono correcto y contribuya de manera equilibrada a la presentación general.

La optimización operativa es como el movimiento fluido de los bailarines en el escenario. Cada paso debe ser cuidadosamente coreografiado para maximizar la eficiencia y minimizar los movimientos innecesarios. Al igual que un bailarín perfecciona su rutina para lograr un rendimiento impecable, una MYPE debe ajustar sus procesos internos para lograr una ejecución estratégica sin contratiempos.

La medición de resultados es como el aplauso del público al final de una actuación. Proporciona retroalimentación sobre la efectividad de la estrategia y señala áreas que requieren mejora. Así como un artista evalúa la reacción del público para ajustar su actuación, una MYPE analiza los datos y los comentarios para adaptar su estrategia y lograr un impacto aún mayor en su mercado.

La colaboración entre departamentos es como la armonía en una pieza musical. Cada departamento es una voz única que contribuye a la composición general. Cuando trabajan juntos en sintonía, crean una ejecución estratégica coherente y poderosa. La comunicación fluida entre los equipos es como la melodía que fluye sin problemas a lo largo de la ejecución, permitiendo que la estrategia se desarrolle de manera armoniosa.

La innovación constante en la ejecución es como la improvisación de un músico talentoso. A medida que surgen desafíos y oportunidades, una MYPE debe estar lista para ajustar su enfoque y tomar decisiones creativas. De igual forma que un músico encuentra nuevas formas de expresión en el momento, una MYPE debe innovar en su ejecución para adaptarse a las circunstancias cambiantes y destacar en el mercado.

La gestión de recursos también es como la dirección del viento en una regata. Un capitán hábil navega con la corriente y ajusta las velas según sea necesario para mantener el rumbo y alcanzar la meta. De manera similar, una MYPE debe dirigir sus recursos según las condiciones del mercado, optimizando su enfoque para alcanzar sus objetivos estratégicos con eficiencia y precisión.

La optimización operativa se asemeja a la afinación de un instrumento musical. De igual manera un músico ajusta las cuerdas y las teclas para lograr el tono perfecto, una MYPE ajusta sus procesos internos para lograr la máxima eficiencia. Cada detalle debe estar afinado y sincronizado para lograr una ejecución estratégica sin fisuras y que resuene con los clientes.

La medición de resultados es como la lectura de las estrellas en la navegación marítima. Al evaluar constantemente los indicadores clave de rendimiento, una MYPE puede determinar si está en el rumbo correcto hacia sus objetivos. Tal como un navegante interpreta las estrellas para guiar su ruta, una MYPE interpreta los datos para ajustar su estrategia y asegurarse de que esté en camino hacia el éxito.

La colaboración interdepartamental es como la armonización de diferentes secciones en una pieza musical. Cada equipo tiene su papel único, pero cuando trabajan juntos en sincronía, crean una ejecución estratégica cohesiva. Al igual que una sinfonía combina múltiples instrumentos para crear una experiencia auditiva completa, una MYPE combina los esfuerzos de diferentes departamentos para lograr un impacto completo en el mercado.

La innovación continua en la ejecución estratégica es como la improvisación en el *jazz*. Los músicos de *jazz* adaptan su interpretación en tiempo real, respondiendo a las señales y creando música única en cada actuación. De manera similar, una MYPE debe estar preparada para ajustar su estrategia según las circunstancias cambiantes, aprovechando oportunidades y enfrentando desafíos con creatividad y agilidad.

El proceso de asignar roles en una obra teatral se asemeja a la gestión de recursos empresarial. Cada actor tiene un papel específico que contribuye al desarrollo de la trama. Del mismo modo, cada recurso en una MYPE debe ser asignado cuidadosamente para contribuir al logro de los objetivos estratégicos. Así como en una obra teatral exitosa, una ejecución estratégica exitosa requiere una distribución efectiva de los roles y recursos.

La optimización operativa es como el pulso constante en la música. Un ritmo sólido y constante es esencial para mantener la coherencia en una pieza musical. En el contexto de una MYPE, la optimización operativa garantiza que los procesos internos funcionen de manera eficiente y constante, manteniendo el flujo de la ejecución estratégica sin interrupciones.

Desde el pulso constante de la ejecución estratégica hasta la maestría en la adaptación, este capítulo ha sumergido sus raíces en los fundamentos que conducen al éxito de una MYPE en el competitivo escenario empresarial. Al igual que un director orquesta fusiona cada sección en una pieza musical, una MYPE exitosa coordina con destreza sus recursos y procesos para lograr una ejecución estratégica fluida y cautivadora.

La optimización operativa, análoga a la coreografía de un baile, asegura que cada paso de la ejecución estratégica sea fluido y preciso. Similar a los pasos meticulosamente ensayados de un bailarín, la MYPE ajusta sus procesos internos para lograr eficiencia y excelencia en la ejecución. La medición de resultados, como el aplauso del público al final de una actuación, proporciona información valiosa sobre la efectividad de la estrategia y señala áreas que requieren mejora.

La colaboración interdepartamental, como la armonización de voces en una canción, es esencial para una ejecución estratégica coherente y poderosa. Cada departamento aporta su experiencia única para crear una experiencia completa y resonante. La innovación constante, así como la improvisación en el *jazz*, permite a la MYPE ajustarse a las circunstancias cambiantes y encontrar nuevas formas de destacar en el mercado.

Los recursos, comparables a los ladrillos de una construcción, deben ser administrados con destreza para mantener el ritmo de la ejecución estratégica. Del mismo modo que un arquitecto selecciona y ensambla materiales para una obra maestra, una MYPE inteligente distribuye y utiliza sus recursos con eficacia para lograr resultados sobresalientes. La optimización operativa, como el engranaje aceitado de una máquina, garantiza que cada componente funcione en perfecta sincronía.

El *feedback* constructivo, de igual forma que las notas en una partitura, guía la evolución de la ejecución estratégica. Tanto como un músico ajusta su interpretación en respuesta a las indicaciones del director, una MYPE utiliza los comentarios de los clientes y el equipo para afinar su enfoque y mejorar continuamente. La adaptabilidad, como las hojas en un árbol que cambian con las estaciones, es esencial para una ejecución estratégica exitosa.

La ejecución efectiva es comparable al arte de tejer una intrincada red, donde cada hilo contribuye a la estructura sólida. Cada paso dado por una MYPE en su ejecución estratégica es una pieza esencial en el rompecabezas, contribuyendo al resultado final. La optimización operativa, al igual que el afilado de una hoja de cuchillo, permite que cada acción se realice con la máxima eficiencia y precisión.

El *feedback*, así como el viento que impulsa un velero, impulsa la mejora constante en la ejecución estratégica. De la misma manera que un marinero ajusta las velas para aprovechar la brisa, una MYPE utiliza los comentarios para ajustar su rumbo y lograr un rendimiento óptimo. La colaboración interdepartamental, de igual forma que los ingredientes en una receta culinaria, combina las fortalezas de cada área para crear un resultado delicioso.

El éxito de una ejecución estratégica radica en la coherencia y adaptabilidad, como los movimientos fluidos de un bailarín que se ajusta al ritmo de la música. Cada elemento de la estrategia de una MYPE, desde la gestión de recursos hasta la optimización operativa, debe trabajar en armonía para lograr un impacto efectivo en el mercado. La adaptación constante, como el cambio de notas en una melodía, es esencial para mantener la relevancia en un entorno empresarial en constante evolución.

Con cada paso coreografiado en el baile preciso de la ejecución estratégica, una MYPE se eleva hacia la cima del éxito en su mercado. Desde la optimización operativa hasta la adaptabilidad constante, cada elemento se fusiona en una sinfonía estratégica que cautiva a la audiencia y establece el camino hacia un crecimiento sostenible. A medida que cerramos este capítulo, nos preparamos para adentrarnos en el siguiente, donde exploraremos cómo un proceso de implementación eficaz y estratégico lleva a una MYPE hacia nuevas alturas en su camino hacia la excelencia empresarial.

Capítulo 5

Cultivando la resiliencia empresarial: adaptación y fortaleza en un mundo de cambio

En el vertiginoso mundo empresarial, la resiliencia se ha convertido en una cualidad esencial para las MYPE que aspiran a mantenerse en la cima del éxito en medio de las constantes turbulencias y transformaciones. Como una hoja que se dobla ante el viento, pero nunca se quiebra, la resiliencia empresarial implica la habilidad de adaptarse, recuperarse y prosperar frente a los desafíos y los cambios inesperados. En este capítulo, exploraremos cómo las MYPE pueden cultivar y fortalecer esta resiliencia, forjando su camino hacia la excelencia a pesar de las incertidumbres que el entorno les presente.

La resiliencia empresarial comienza desde adentro, arraigada en la cultura organizacional. La creación de una cultura que fomente la adaptación y la flexibilidad es esencial para construir una base sólida de resiliencia. Las MYPE deben alentar a su equipo a abrazar el cambio, afrontar los desafíos con mente abierta y aprender de las adversidades. Una cultura de adaptación también implica la capacidad de reevaluar y ajustar las estrategias y enfoques según las necesidades cambiantes del mercado y las circunstancias.

La creación de una cultura de adaptación es como construir un cimiento robusto para el edificio empresarial. En esta base, cada miembro del equipo se convierte en un ladrillo fundamental que conforma la resiliencia de la MYPE. La adaptabilidad se convierte en un valor arraigado en cada decisión y acción, permitiendo a la organización navegar por aguas turbulentas con confianza y determinación. Así como un árbol que se dobla ante el viento, pero mantiene sus raíces fuertemente ancladas en la tierra, una MYPE con una cultura de adaptación puede enfrentar las tormentas del mercado mientras mantiene su esencia intacta.

Es que no solo se trata de aceptar el cambio, sino de abrazarlo como una oportunidad de crecimiento. Cada desafío se convierte en una ocasión para aprender y mejorar, y cada obstáculo se enfrenta con una actitud positiva y proactiva. Al igual que un equipo de montañistas que se apoya mutuamente en su ascenso hacia la cima, los miembros de la MYPE se convierten en aliados en la búsqueda constante de soluciones innovadoras. Esta mentalidad de equipo no solo fortalece la resiliencia de la organización, sino que también crea un ambiente de trabajo enriquecedor y estimulante.

En esta cultura de adaptación, la comunicación transparente y abierta se convierte en el vínculo que une a todos los aspectos de la MYPE. Las ideas fluyen libremente y el intercambio de información es constante. Los líderes fomentan un diálogo constante con sus equipos, compartiendo tanto los éxitos como los desafíos. Como un coro bien coordinado en una sinfonía, esta comunicación constante asegura que todos estén en la misma página y que las decisiones se tomen con información completa. La retroalimentación también desempeña un papel crucial en esta cultura, permitiendo a los empleados expresar sus opiniones y contribuir activamente a la evolución constante de la MYPE.

Aquí se refleja la flexibilidad de las estrategias y enfoques de la MYPE. Tal como un navegante hábil ajusta sus velas según el viento cambia, la MYPE debe ser capaz de pivotar en función de las circunstancias. Los líderes toman decisiones informadas y ágiles, respondiendo a los cambios del mercado con rapidez y eficiencia. Esto requiere una mentalidad de experimentación y aprendizaje constante. Los fracasos se ven como oportunidades de aprendizaje y los éxitos son celebrados como hitos en el camino hacia la resiliencia y la excelencia.

En este proceso de adaptación constante, la resiliencia se convierte en una virtud esencial para todos los niveles de la MYPE. Al igual que un atleta que entrena su cuerpo para resistir y recuperarse de las demandas físicas, la MYPE entrena su capacidad de recuperación ante desafíos y cambios inesperados. Esta resiliencia se fortalece a medida que la organización enfrenta y supera obstáculos, construyendo una mentalidad de «nunca rendirse». Como resultado, la MYPE se vuelve más preparada para sortear cualquier adversidad que se presente en su camino.

La innovación se convierte en el combustible que impulsa la resiliencia de la MYPE. Al igual que una chispa que enciende un fuego ardiente, la búsqueda constante de nuevas ideas y enfoques refuerza la capacidad de la organización para adaptarse y prosperar en entornos cambiantes. La innovación permite a la MYPE encontrar soluciones creativas a problemas complejos, lo que le permite enfrentar los desafíos con una mentalidad fresca y creativa. Esta mentalidad innovadora también fomenta una cultura de mejora continua, donde cada día se busca superar los límites anteriores.

También implica la capacidad de tomar decisiones informadas y valientes, incluso en momentos de incertidumbre. Tal como un capitán de barco que toma decisiones audaces en medio de una tormenta, los líderes de la MYPE deben tener la confianza y la claridad para guiar a la organización hacia adelante. La toma de decisiones basada en datos y en una comprensión profunda del mercado y las tendencias es esencial para mantener el rumbo correcto. A través de la resiliencia, los líderes pueden navegar con confianza incluso en los mares más turbulentos.

La resiliencia empresarial también se nutre de la capacidad de aprender de la experiencia. Del mismo modo que un artista que perfecciona su oficio a lo largo del tiempo, la MYPE utiliza cada desafío como una oportunidad para crecer y mejorar. La reflexión constante y la evaluación de lo que funcionó y lo que no funcionó permiten a la organización ajustar su enfoque y estrategia de manera efectiva. Esta disposición a aprender y evolucionar se convierte en un activo valioso que impulsa la resiliencia y el éxito sostenible de la MYPE.

Cultivar la resiliencia empresarial es como tejer una red sólida que sostiene y protege a la MYPE en medio de los desafíos y cambios del mundo empresarial. Una cultura de adaptación, apoyada por una comunicación abierta, una mentalidad de equipo, la flexibilidad estratégica y la búsqueda constante de innovación, se convierte en el andamiaje de esta resiliencia. La capacidad de enfrentar el cambio con valentía y aprender de cada experiencia fortalece la MYPE, permitiéndole no solo sobrevivir en un mundo de cambio, sino también prosperar y alcanzar nuevas alturas en su viaje hacia la excelencia empresarial.

Como pilar resiliente, la innovación y la resiliencia están intrínsecamente conectadas. Las MYPE deben buscar constantemente nuevas formas de abordar los problemas y de reinventar sus enfoques para seguir siendo relevantes. La innovación no solo impulsa el crecimiento, sino que también proporciona una base para enfrentar los desafíos de manera creativa. Al adoptar una mentalidad innovadora, las MYPE pueden explorar oportunidades emergentes y descubrir soluciones inesperadas ante situaciones difíciles.

La innovación también fomenta la agilidad, una habilidad esencial para la resiliencia en un mundo en constante cambio. Al igual que un gimnasta ágil que se adapta a los movimientos cambiantes en su rutina, una MYPE ágil puede ajustarse rápidamente a las condiciones cambiantes del mercado. La capacidad de responder a las nuevas tendencias y a las demandas de los clientes con rapidez permite a la MYPE mantenerse relevante y competitiva. Además, la agilidad proporciona a la organización la capacidad de anticipar y prepararse para posibles desafíos, en lugar de simplemente reaccionar ante ellos.

A su vez, se nutre también de la capacidad de establecer relaciones sólidas con los clientes y otros actores clave en el mercado. De la misma forma que una red de apoyo confiable en un juego de equilibrio, estas relaciones pueden brindar el respaldo necesario en tiempos difíciles. Una MYPE que cultiva relaciones sólidas con sus clientes construye una base de lealtad que puede mantenerla a flote incluso en momentos de crisis. Además, las colaboraciones estratégicas con proveedores y socios pueden proporcionar recursos adicionales y conocimientos especializados que fortalezcan la posición de la MYPE en el mercado.

La tecnología desempeña un papel crucial en la resiliencia empresarial en la era moderna. Al igual que una herramienta versátil en las manos de un artesano, la tecnología puede aumentar la eficiencia y la capacidad de adaptación de una MYPE. Las soluciones tecnológicas pueden automatizar procesos, mejorar la toma de decisiones basada en datos y expandir el alcance de la MYPE a nuevos mercados. La adopción inteligente de la tecnología puede aumentar la agilidad de la organización y su capacidad para responder a las demandas cambiantes del mercado.

El desarrollo de una mentalidad de aprendizaje continuo también se convierte en un pilar de resiliencia. Así como un atleta que entrena constantemente para mejorar su rendimiento, una MYPE que busca el aprendizaje constante está mejor preparada para superar los obstáculos. La resiliencia implica reconocer que cada desafío es una oportunidad de aprendizaje y crecimiento. Las MYPE que promueven la formación y el desarrollo de sus empleados cultivan una fuerza laboral capaz de enfrentar cualquier situación con confianza y creatividad.

La resiliencia empresarial es como una estructura sólida construida sobre los pilares de la innovación constante, la agilidad, las relaciones sólidas, la tecnología inteligente y la mentalidad de aprendizaje continuo. Estos pilares no solo permiten a las MYPE resistir y recuperarse de las adversidades, sino que también les brindan la capacidad de prosperar en un entorno empresarial en constante cambio. Al fusionar estos pilares con una visión clara y un liderazgo inspirador, las MYPE pueden forjar un camino hacia la excelencia empresarial, adaptándose y floreciendo en cada desafío que se les presente.

Un camino hacia la rápida adaptación

En un entorno en constante cambio, la agilidad operativa es esencial para la resiliencia. Las MYPE deben ser capaces de ajustar sus operaciones con rapidez y eficiencia en respuesta a las fluctuaciones del mercado y las demandas de los clientes. La agilidad operativa implica la capacidad de realizar cambios sin problemas, de manera que la MYPE pueda aprovechar las oportunidades y mitigar los riesgos con agilidad y precisión. Una estructura operativa flexible y adaptable es una herramienta valiosa para enfrentar situaciones imprevistas y navegar por terrenos inciertos.

Esto se logra a través de la optimización constante de los procesos internos. Tal como un relojero que ajusta minuciosamente cada engranaje para que funcione sin problemas, una MYPE debe analizar sus operaciones y eliminar cualquier ineficiencia. La identificación de cuellos de botella y la implementación de soluciones efectivas permiten que la MYPE fluya con agilidad y rapidez. Además, la automatización de procesos rutinarios libera tiempo y recursos para actividades más estratégicas y creativas, fortaleciendo la capacidad de adaptación de la MYPE.

La agilidad operativa también implica estar al tanto de las últimas tendencias y tecnologías en el mercado. Al igual que un explorador que sigue el mapa más actualizado, una MYPE debe estar dispuesta a adoptar nuevas herramientas y enfoques que mejoren su eficiencia. Mantenerse informado sobre las tendencias emergentes y las mejores prácticas en la industria permite a la MYPE ajustar sus operaciones de manera proactiva para mantenerse competitiva. Además, la inversión en tecnología de vanguardia puede ofrecer ventajas significativas en términos de velocidad, precisión y capacidad de respuesta.

Asimismo, se nutre también de una comunicación fluida y colaborativa en toda la organización. Así como un equipo de atletas que se coordinan para lograr un objetivo común, los departamentos y equipos de la MYPE deben estar en sintonía para responder rápidamente a los cambios. La colaboración entre diferentes funciones y niveles permite una toma de decisiones más ágil y una implementación más rápida de las soluciones.

La transparencia en la comunicación también es esencial, ya que permite a todos los miembros del equipo comprender la situación actual y contribuir con ideas y soluciones. Implica la capacidad de anticipar y prepararse para los posibles desafíos. De igual manera un conductor que ajusta su velocidad y dirección en función de las condiciones del camino, una MYPE debe estar lista para adaptarse a diferentes escenarios.

La realización de análisis de riesgos y la planificación de contingencias son prácticas cruciales para garantizar que la MYPE pueda responder de manera rápida y efectiva ante situaciones adversas. La capacidad de reaccionar con agilidad ante situaciones imprevistas puede marcar la diferencia entre el éxito y el fracaso en momentos críticos.

Esta agilidad operativa también requiere una mentalidad de mejora continua en toda la organización. Tal como un jardinero que poda y cuida constantemente sus plantas para que florezcan, una MYPE debe estar comprometida con la búsqueda constante de eficiencia y excelencia. Esto implica la implementación de sistemas de retroalimentación y revisión regulares para identificar áreas de mejora y oportunidades de optimización. La mentalidad de mejora continua permite a la MYPE mantenerse adaptable y en constante evolución, siempre en busca de formas de hacer las cosas de manera más efectiva y eficiente.

Se ve respaldada por la capacidad de aprender de los errores y fracasos. Al igual que un atleta que analiza su desempeño en cada competencia para mejorar su rendimiento, una MYPE debe examinar las situaciones en las que no logró sus objetivos y extraer lecciones valiosas. La reflexión y el análisis de los errores pasados permiten a la MYPE ajustar su enfoque, mejorar sus estrategias y evitar cometer los mismos errores en el futuro. Esta mentalidad de aprendizaje continuo fortalece la capacidad de adaptación y mejora constante de la MYPE.

Además, se beneficia de la capacidad de delegar y empoderar a los empleados. Así como un director de orquesta confía en cada músico para tocar su parte con maestría, una MYPE debe confiar en su equipo para tomar decisiones informadas y actuar con autonomía. Empoderar a los empleados les permite responder rápidamente a las situaciones cambiantes sin necesidad de consultar en cada paso. Esto agiliza los procesos y permite una toma de decisiones más rápida, lo que es esencial para enfrentar los desafíos de manera eficiente.

La agilidad operativa es como la brújula que guía a la MYPE a través de las aguas cambiantes del mercado. A través de la optimización de procesos, la adopción de tecnologías innovadoras, la colaboración efectiva y la planificación anticipada, la agilidad operativa permite a la MYPE adaptarse con rapidez a las demandas cambiantes y aprovechar las oportunidades emergentes. Esta capacidad de adaptación y respuesta ágil se convierte en un recurso invaluable para la resiliencia empresarial y la búsqueda constante de la excelencia en un mundo en constante cambio.

La gestión estratégica de riesgos, preparándonos para lo inesperado

La resiliencia empresarial exige una mirada hacia el futuro con un enfoque claro en la gestión de riesgos potenciales. A menudo, las MYPE subestiman la importancia de la anticipación y el manejo proactivo de situaciones inciertas. Aunque existen herramientas como el análisis VUCA (volatilidad, incertidumbre, complejidad y ambigüedad), aún queda un espacio por llenar en términos de un enfoque personalizado que explore minuciosamente cada área de la empresa. Si bien se toma en cuenta la incertidumbre en el entorno empresarial, es esencial que cada MYPE disponga de un instrumento que permita una radiografía detallada de sus operaciones, con el objetivo de definir estrategias específicas que contribuyan al cumplimiento de sus metas integrales.

En este contexto, surge la necesidad de un enfoque más preciso y adaptable que vaya más allá del análisis VUCA, que permita a las MYPE explorar las áreas clave de su operación, identificando no solo las posibles amenazas sino también las oportunidades que pueden surgir en medio de la incertidumbre, que su objetivo principal sea de orientar y guiar a la MYPE en la evaluación de riesgos, la identificación de respuestas adecuadas y la planificación de contingencias efectivas.

Se trata no solo de prever lo que puede salir mal, sino de desarrollar la capacidad de adaptarse y responder ante lo inesperado. Las MYPE deben ser ágiles en su toma de decisiones, capaces de ajustar su enfoque en tiempo real en función de las condiciones cambiantes. Así como un piloto de carreras que cambia su estrategia en función del clima, las MYPE deben tener la habilidad de tomar curvas inesperadas con confianza. Esto implica no solo contar con planes de contingencia, sino también con un equipo capacitado y una estructura organizativa que permita la rápida implementación de esas medidas.

Una adecuada comunicación y trabajo colaborativo serán esenciales en la gestión de riesgos. Tal como un equipo de rescate que trabaja en conjunto para superar los obstáculos, la MYPE debe tener canales de comunicación abiertos que permitan a todos los miembros del equipo compartir información relevante. La colaboración entre departamentos y la sincronización de esfuerzos garantizan una respuesta coherente y efectiva ante situaciones desafiantes. Asimismo, la asignación adecuada de roles y responsabilidades es fundamental para garantizar que cada miembro del equipo sepa cómo contribuir en momentos de crisis.

La gestión estratégica de riesgos también debe ir acompañada de una evaluación constante y una mejora continua. Al igual que un atleta que revisa sus desempeños para identificar áreas de mejora, las MYPE deben analizar su respuesta a situaciones desafiantes y aprender de cada experiencia. Esto implica llevar a cabo análisis posteriores a eventos, identificar lo que funcionó y lo que no, y ajustar los procesos en consecuencia. La mentalidad de aprendizaje constante y mejora continua es esencial para fortalecer la resiliencia y la capacidad de adaptación.

Así como un arquitecto que considera meticulosamente cada detalle en el diseño de un edificio resistente, las MYPE deben examinar minuciosamente sus operaciones y anticipar los posibles desafíos, ya que la gestión estratégica de riesgos es también un enfoque proactivo en la construcción de una base sólida de resiliencia. Identificar los riesgos potenciales y desarrollar planes de contingencia permite a las MYPE enfrentar situaciones adversas con confianza y determinación, evitando que los contratiempos interrumpan su camino hacia la excelencia empresarial.

Es de suma implicancia también el poder desarrollar un análisis profundo de las vulnerabilidades. Del mismo modo que un médico que realiza un diagnóstico exhaustivo para identificar cualquier problema de salud, las MYPE deben analizar sus procesos y sistemas con atención a los puntos débiles. Esta evaluación rigurosa permite a la organización fortalecer sus áreas vulnerables y crear un entorno más resistente a las perturbaciones externas. El proceso de identificar y abordar estas vulnerabilidades también puede desencadenar mejoras generales en la eficiencia y la efectividad.

La planificación de contingencias es una parte esencial de la gestión estratégica de riesgos. Como un navegante que traza diferentes rutas en caso de tormenta, las MYPE deben estar preparadas para múltiples escenarios. Desarrollar planes de acción específicos para diferentes situaciones ayuda a la MYPE a responder rápidamente ante cambios inesperados y a minimizar los impactos negativos. Estos planes de contingencia también permiten a la MYPE comunicarse y actuar con claridad en tiempos de incertidumbre, evitando confusiones y malentendidos.

La tecnología y la recopilación de datos desempeñan un papel crucial en la gestión estratégica de riesgos. Al igual que un meteorólogo que utiliza datos precisos para predecir el clima, las MYPE pueden aprovechar la analítica de datos y las herramientas de pronóstico para evaluar los riesgos potenciales. La recopilación de datos sobre tendencias del mercado, comportamiento del consumidor y factores externos permite a la MYPE tomar decisiones informadas y estratégicas. Además, la tecnología también facilita la supervisión en tiempo real y la detección temprana de posibles problemas.

Es por todo ello que se considera a la gestión estratégica de riesgos como una inversión en la resiliencia y la capacidad de adaptación de la MYPE. Así como un inversionista que diversifica su cartera para mitigar los riesgos financieros, la MYPE debe diversificar sus enfoques y estrategias para enfrentar los riesgos empresariales. Esto implica considerar diferentes opciones y enfoques en la toma de decisiones y buscar oportunidades para reducir la exposición a riesgos significativos. La combinación de una planificación sólida, la colaboración efectiva y el uso estratégico de la tecnología puede permitir a las MYPE no solo sobrevivir a los desafíos, sino también prosperar en un entorno empresarial en constante cambio.

Adaptación digital, enfrentando los cambios tecnológicos

En el mundo actual, la tecnología es un motor de cambio constante que redefine la forma en que las empresas operan y se conectan con sus clientes. Las MYPE deben estar dispuestas a abrazar las innovaciones tecnológicas y a adaptarse rápidamente a las tendencias emergentes. La transformación digital no solo es una opción, sino una necesidad para mantenerse competitivo en un mercado en constante evolución.

La adaptación digital puede ofrecer una serie de beneficios significativos para las MYPE. Desde una mayor eficiencia operativa hasta la posibilidad de llegar a un público global a través de plataformas en línea, las oportunidades que la tecnología brinda son abundantes. La automatización de procesos rutinarios, por ejemplo, libera tiempo y recursos para actividades más estratégicas, lo que permite a las MYPE centrarse en la innovación y la toma de decisiones informadas.

Sin embargo, no es un proceso simple y lineal. Requiere una comprensión sólida de las tecnologías relevantes y una evaluación cuidadosa de cómo se alinean con los objetivos y procesos actuales de la MYPE. La inversión en tecnología debe ser estratégica y basarse en un análisis exhaustivo de las necesidades y oportunidades de la empresa. La implementación exitosa de soluciones digitales también depende en gran medida de la capacitación y el apoyo adecuados para el equipo, asegurando que todos estén equipados para aprovechar al máximo las herramientas disponibles.

La adaptación digital también implica la capacidad de integrar las nuevas tecnologías de manera coherente en las operaciones existentes. Al igual que un director de orquesta armoniza cada sección de esta para crear una melodía equilibrada, las MYPE deben asegurarse de que las diferentes partes de su empresa trabajen en conjunto de manera fluida. Esto puede implicar la reorganización de procesos internos, la optimización de flujos de trabajo y la implementación de sistemas de gestión que faciliten la coordinación.

En este proceso, es esencial mantener una mentalidad ágil y abierta al cambio. La tecnología está en constante evolución, y las MYPE deben estar dispuestas a aprender y ajustarse continuamente. La colaboración con expertos en tecnología y la búsqueda activa de información sobre las últimas tendencias son prácticas valiosas para asegurarse de que la MYPE esté tomando decisiones informadas en su viaje hacia la adaptación digital.

La adaptación digital es una piedra angular para la resiliencia empresarial en un mundo en constante cambio. Las MYPE deben estar dispuestas a abrazar la tecnología, entender sus implicaciones y aplicarla de manera estratégica en sus operaciones. La transformación digital no es solo sobre adoptar nuevas herramientas, sino también sobre cambiar mentalidades y procesos para aprovechar al máximo las oportunidades que la tecnología ofrece. La adaptación digital no solo asegura la supervivencia en un entorno competitivo, sino que también crea una base sólida para el crecimiento sostenible y la excelencia empresarial en el futuro.

Por otro lado, en estos tiempos de crisis las MYPE resilientes se destacan por su capacidad de transformar los desafíos en oportunidades únicas. Es por ello la implicancia de transformar dichas eventualidades negativas en oportunidad a través de la adaptación creativa. En estos tiempos, definitivamente se convierte en una herramienta fundamental para navegar por aguas turbulentas. En lugar de sucumbir a la presión de las circunstancias adversas, estas empresas son capaces de ejercitar su ingenio y encontrar soluciones únicas que no solo les permiten sobrevivir, sino también prosperar en medio de la incertidumbre.

Este concepto se basa en la habilidad de ver más allá de las limitaciones y encontrar enfoques innovadores para resolver problemas. Al igual que un escultor que ve una obra maestra en un bloque de mármol, las MYPE pueden encontrar oportunidades ocultas incluso en medio de la crisis. Este enfoque audaz no solo requiere pensar fuera de la caja, sino también estar dispuesto a redefinir la propia caja y explorar nuevos horizontes.

Una parte esencial de esta adaptación es la mentalidad de experimentación. Las MYPE resilientes no temen probar nuevas ideas y enfoques, incluso si eso implica un riesgo calculado. La experimentación es un camino hacia el aprendizaje y la innovación. Como un pintor que mezcla colores para crear una nueva tonalidad, las MYPE pueden combinar diferentes elementos para crear soluciones innovadoras y atractivas.

La adaptación creativa también involucra la colaboración y el trabajo en equipo. En momentos de crisis, el intercambio de ideas puede ser una fuente invaluable de inspiración. Similar a una orquesta en la que cada instrumento contribuye a una sinfonía armoniosa, las MYPE deben aprovechar los diversos talentos y perspectivas de su equipo para generar soluciones integrales. La comunicación abierta y la retroalimentación constructiva fomentan un ambiente propicio para la creatividad y la innovación.

Asimismo, no solo se trata de resolver problemas inmediatos, sino también de construir una mentalidad y una cultura que abracen el cambio y la innovación de manera continua. Tal como un jardinero que cuida y cultiva su jardín para que florezca en todas las estaciones, las MYPE deben nutrir una cultura de adaptación y creatividad en todo momento. Esto implica fomentar un ambiente en el que los empleados se sientan empoderados para proponer ideas y explorar nuevas oportunidades.

La adaptación creativa se convierte en una brújula para las MYPE en tiempos de crisis. Esta capacidad de transformar los desafíos en oportunidades no solo impulsa la resiliencia, sino que también puede catalizar un crecimiento y un éxito excepcionales. Las MYPE que abrazan la adaptación creativa se convierten en agentes de cambio en su industria, demostrando que incluso en los momentos más difíciles, la creatividad y la innovación pueden alumbrar el camino hacia el éxito.

Emprender el camino hacia la resiliencia sostenible es, en sí mismo, un acto de adaptación creativa. Así como un artista que retoca su obra maestra para perfeccionarla, las MYPE deben comprometerse a una mejora constante en su búsqueda de resiliencia. La adaptación creativa se convierte en un aliado invaluable en este viaje, permitiendo a las empresas abordar los desafíos con una perspectiva fresca y original. Al integrar la creatividad en la búsqueda de la resiliencia, las MYPE pueden descubrir soluciones innovadoras que fortalezcan su capacidad de adaptación.

Este viaje hacia la resiliencia sostenible no se trata solo de superar crisis inmediatas, sino de construir una base sólida para el futuro. Tal como un arquitecto que diseña un edificio para resistir terremotos, las MYPE deben planificar a largo plazo y considerar posibles escenarios futuros. La adaptación creativa desempeña un papel clave aquí, ya que permite a las empresas idear estrategias flexibles que puedan ajustarse a medida que evoluciona el entorno empresarial. La combinación de resiliencia y creatividad crea un dúo poderoso que guía a las MYPE hacia la excelencia sostenible.

La comunicación y la colaboración se vuelven aliados esenciales e invaluables. De la misma manera que una orquesta que interpreta una sinfonía en conjunto, las MYPE deben mantener canales abiertos de comunicación interna y externa. La adaptación creativa también fomenta la colaboración entre diferentes partes interesadas, permitiendo que ideas frescas y diversas se fusionen en soluciones integrales. Esta interacción constante y dinámica es un motor que impulsa a las MYPE hacia adelante en su búsqueda de resiliencia.

El viaje hacia la resiliencia sostenible también implica un compromiso con la innovación. Así como un investigador que busca nuevas formas de abordar problemas complejos, las MYPE deben estar dispuestas a experimentar con nuevas ideas y tecnologías. La adaptación creativa actúa como un faro de luz en este camino, iluminando posibles rutas hacia la innovación. La apertura a la creatividad y la disposición a asumir riesgos calculados son ingredientes esenciales para el éxito en este viaje.

A medida que las MYPE avanzan en su búsqueda de resiliencia sostenible, es importante recordar que este no es un camino solitario. Al igual que un equipo de expedicionarios que suben una montaña juntos, las MYPE deben rodearse de personas comprometidas y competentes. La adaptación creativa también se refleja en la formación de equipos diversos y multifuncionales, donde cada miembro contribuye con su perspectiva única. La diversidad de ideas y enfoques fortalece el viaje y permite a las MYPE enfrentar los desafíos con una visión más amplia.

En conclusión, en el afán de obtener una resiliencia sostenible, las MYPE se embarcan en un viaje emocionante y desafiante. La adaptación creativa se convierte en un compañero constante en este camino, guiando a las empresas hacia soluciones innovadoras y flexibles. A medida que las MYPE abrazan la resiliencia y la creatividad, están preparando el terreno para un éxito duradero en un mundo en constante cambio.

En un mundo que evoluciona a un ritmo vertiginoso, la resiliencia empresarial se alza como un faro de esperanza y éxito. A lo largo de este capítulo, hemos explorado las raíces profundas de la resiliencia y cómo la adaptación se convierte en un arma poderosa en la lucha contra la incertidumbre. Desde forjar una cultura de adaptación hasta abrazar la creatividad como motor de cambio, hemos desentrañado las estrategias esenciales que permiten a las MYPE no solo sobrevivir, sino prosperar en un entorno en constante transformación.

La resiliencia empresarial, más que una simple respuesta a los desafíos, se convierte en una mentalidad arraigada en la cultura organizacional. Una mentalidad que fomenta la anticipación y la preparación, que busca oportunidades en medio de la adversidad y que ve los desafíos como escalones hacia el crecimiento. Al enfrentar los cambios tecnológicos con adaptación digital y al transformar las crisis en oportunidades con creatividad, las MYPE se ponen en la vanguardia de la evolución empresarial.

Este capítulo ha sido un viaje a través de estrategias fundamentales y enfoques innovadores que construyen una resiliencia sostenible. Desde la gestión estratégica de riesgos hasta la agilidad operativa, hemos explorado cómo cada pieza del rompecabezas contribuye a la construcción de una MYPE robusta y adaptable. A lo largo de este recorrido, hemos descubierto que la adaptación no solo es una respuesta ocasional, sino una filosofía continua que se arraiga en cada aspecto de la operación empresarial.

Cultivar la resiliencia empresarial es una inversión a largo plazo en el éxito y la excelencia. Es un compromiso constante con la mejora continua, la innovación y la búsqueda incansable de oportunidades. En un mundo de cambio constante, la resiliencia se convierte en el timón que guía a las MYPE hacia aguas más tranquilas y a la cima de la excelencia empresarial. En el siguiente capítulo, continuaremos nuestro viaje explorando nuevas dimensiones de la estrategia y el crecimiento empresarial.

Capítulo 6

Cultivando la marca empresarial: construcción y gestión de una identidad duradera

En la travesía hacia el núcleo estratégico de la MYPE, donde la construcción y gestión de una marca sólida y duradera se convierten en los cimientos de la excelencia empresarial. Más allá de un simple logo, la marca es una manifestación completa de la esencia de tu negocio. Desde los colores que utilizas hasta la voz con la que te comunicas, cada elemento se entrelaza para crear una identidad distintiva y duradera que trasciende el tiempo.

A lo largo de este capítulo, exploraremos cómo puedes construir una identidad de marca auténtica y significativa a través de historias coherentes y poderosas. Estas narrativas no solo te conectan emocionalmente con tus clientes, sino que también infunden cohesión interna y un propósito compartido entre tu equipo.

Además, la trascendencia de la experiencia del cliente en la construcción de la marca es clave. Desde el primer punto de contacto hasta el último, cada interacción cuenta. Es importante el saber desarrollar y diseñar experiencias que vayan más allá de la simple transacción, creando momentos que perduren y conexiones emocionales profundas. Esta atención meticulosa a cada detalle puede influir en la percepción de tus clientes y cultivar la lealtad a largo plazo.

La coherencia y consistencia son pilares en la gestión de la marca. Cómo nos podemos convertir en el guardián de nuestra identidad, manteniendo una imagen y mensaje coherentes en todas tus interacciones con los clientes. Establecer pautas sólidas y estándares que pueda prevenir confusiones y solidificar una identidad reconocible y respetable en el mercado competitivo.

Una marca bien construida no solo impacta la identidad y la experiencia, sino que también puede impulsar el crecimiento de la MYPE. Definitivamente, una marca sólida puede atraer a nuevos clientes, fomentar la fidelidad y abrir puertas a oportunidades de expansión.

El entorno empresarial actual, donde la competencia es intensa y las opciones son abundantes, la diferenciación se convierte en un imperativo para las MYPE. Estas empresas pueden encontrar su propio espacio en un mercado saturado y destacarse entre la multitud, creando una identidad única y atractiva.

La diferenciación no solo se trata de destacar visualmente, sino de ofrecer un valor único y convincente a los clientes. Las MYPE pueden identificar oportunidades para innovar en sus productos y servicios, ofreciendo características y beneficios que resuenen con las necesidades y deseos de su audiencia. A través de la personalización, la calidad excepcional o la funcionalidad única, las MYPE pueden establecerse como una opción atractiva y diferenciada en el mercado.

La creatividad desempeña un papel fundamental en la diferenciación efectiva. El pensar fuera de la caja y encontrar formas innovadoras de abordar los problemas y satisfacer las demandas del cliente puede impulsar a las MYPE a niveles de éxito inimaginables. La capacidad de ver oportunidades donde otros solo ven obstáculos y de idear soluciones frescas y emocionantes permite a estas empresas destacarse y captar la atención en un mercado cada vez más competitivo.

La creatividad no solo se limita al desarrollo de productos o servicios, sino que también puede extenderse a la forma en que se presentan, se comercializan y se entregan. A través de la creatividad, las MYPE pueden no solo satisfacer las necesidades existentes de sus clientes, sino también crear nuevas demandas y generar un impacto duradero en la mente y el corazón de su audiencia.

Además de los productos y servicios, la experiencia del cliente puede ser un terreno fértil para la diferenciación. Estas empresas pueden crear experiencias únicas y memorables que van más allá de la simple transacción. Esto puede incluir desde el diseño de interiores de una tienda hasta la forma en que se brinda el servicio al cliente. La atención a los detalles y el enfoque en satisfacer las necesidades individuales pueden dejar una impresión duradera en los clientes y convertirlos en defensores leales de la marca.

Las pequeñas diferencias tienen un impacto significativo en la percepción del consumidor. Las MYPE pueden aprovechar estos detalles distintivos y convertirlos en ventajas competitivas sólidas. Discutiremos cómo comunicar estas diferencias de manera efectiva a través de la estrategia de *marketing* y cómo destacar en un mercado donde todos compiten por la atención del cliente.

El desarrollo de la marca empresarial como fundamento estratégico

La construcción de una marca empresarial sólida es esencial para establecer una base estratégica sólida en el mundo de los negocios. Una marca no se trata solo de un logotipo llamativo o un nombre pegajoso, sino de la promesa fundamental que haces a tus clientes. Desde el primer vistazo hasta la última interacción, cada aspecto de tu marca comunica un mensaje y crea una experiencia única.

Los colores que elijas no son simplemente cuestiones de diseño, sino vehículos para transmitir emociones y valores. Un esquema de colores bien pensado puede evocar sentimientos de confianza, calidez o innovación, influenciando la forma en que los clientes perciben tu empresa. La tipografía que utilices también desempeña un papel crucial, ya que puede transmitir profesionalismo, creatividad o accesibilidad, según la elección.

La voz de tu marca es otro elemento distintivo que construye su identidad. Si bien la gramática y el estilo pueden parecer detalles menores, en realidad, son una forma de comunicar la personalidad y los valores de tu empresa. Ya sea que optes por un tono amigable y cercano o uno más formal y autoritario, la coherencia en la comunicación refuerza la imagen de tu marca en la mente de los consumidores.

La creación de una marca sólida y duradera va más allá de lo visual, involucra estrategia y construcción de confianza. Una marca exitosa es como un puente entre tu empresa y tus clientes, basado en valores, promesas y emociones. La estética es solo la superficie; la verdadera esencia reside en cómo la marca se conecta con la audiencia en un nivel más profundo.

La confianza es un activo invaluable en los negocios, y la marca es un vehículo para construirla. Los clientes confían en marcas que transmiten coherencia, calidad y autenticidad. Al ser consistente en la entrega de valores y experiencias, tu marca se convierte en una voz confiable en medio del ruido del mercado. Esta confianza es esencial para mantener relaciones a largo plazo y fomentar la lealtad de los clientes.

La gestión efectiva de la marca implica mantener la coherencia en cada interacción, desde la primera vez que un cliente se encuentra con tu sitio web hasta cada producto que adquiere. Cada punto de contacto es una oportunidad para fortalecer la identidad de la marca y reforzar la relación con el cliente. Un enfoque coherente y estratégico asegura que cada experiencia refleje los valores y la promesa de tu marca.

Una marca bien gestionada se convierte en una promesa constante para los clientes. Es una garantía de lo que pueden esperar cada vez que interactúan con tu empresa. Esta promesa no solo se basa en productos o servicios, sino en una experiencia completa y consistente que abarca desde la comunicación hasta la calidad. Una marca fuerte establece expectativas claras y las cumple en cada oportunidad.

La identidad distintiva es lo que hace que tu marca se destaque en un mercado saturado. Una vez que los clientes identifican y reconocen tu marca, es más probable que vuelvan y recomienden a otros. Esto crea un círculo virtuoso de lealtad y reconocimiento que impulsa el crecimiento a largo plazo. La identidad distintiva no solo se trata de elementos visuales, sino de la experiencia total que ofreces.

En el corazón de una marca fuerte se encuentra la autenticidad, un factor fundamental en la construcción de conexiones significativas con los clientes. Las MYPE pueden comunicar sus valores y propósito de manera auténtica, y esta comunicación marca una diferencia significativa en la percepción de la marca.

La autenticidad va más allá de las declaraciones de misión y visión en un sitio web. Se trata de incorporar esos valores fundamentales en cada aspecto de la empresa y en cada interacción con los clientes. Se puede ser coherentes en la entrega de estos valores, desde la calidad de los productos hasta la atención al cliente y el compromiso con la responsabilidad social.

La conexión emocional es un componente clave de la autenticidad en la comunicación de la marca. Los clientes buscan más que solo productos y servicios; buscan una conexión con las empresas que reflejan sus valores y creencias. A través de historias genuinas y transparentes, las MYPE pueden conectar emocionalmente con sus clientes, compartiendo momentos que van más allá de la transacción comercial y generan una relación más profunda.

En un mundo cada vez más consciente, la responsabilidad social y ambiental también desempeña un papel importante en la autenticidad de la marca. Estas micro y pequeña empresa pueden mostrar un compromiso real con causas relevantes, ya sea a través de prácticas comerciales sostenibles, donaciones a organizaciones benéficas o iniciativas comunitarias. La autenticidad en este aspecto no solo construye una imagen positiva, sino que también demuestra una preocupación genuina por el bienestar de la sociedad y el medio ambiente.

La gestión de la reputación en la era digital se ha convertido en una tarea fundamental para las MYPE. La presencia en línea puede tener un impacto significativo en cómo se percibe la marca, por lo que es crucial mantener una imagen positiva y auténtica. El monitoreo constante de las redes sociales, los sitios de reseñas y otros canales de comunicación es esencial para detectar cualquier comentario o mención relacionada con la empresa. Al estar al tanto de lo que se dice sobre la marca, las MYPE pueden abordar de manera proactiva los elogios y las críticas, demostrando su compromiso con la satisfacción del cliente y la mejora continua.

Responder de manera efectiva a los comentarios y críticas es una habilidad valiosa en la gestión de la reputación. Las MYPE deben abordar tanto los elogios como las preocupaciones con profesionalismo y empatía. Las respuestas a los comentarios negativos deben ser consideradas y respetuosas, mostrando que la empresa se preocupa por resolver los problemas y brindar una experiencia positiva. Además, las MYPE pueden aprovechar las críticas constructivas como oportunidades para mejorar y fortalecer su marca. Al gestionar las interacciones en línea de manera transparente y amigable, las MYPE cultivan relaciones sólidas con los clientes y demuestran su compromiso con la satisfacción y el bienestar de su audiencia.

El construir una reputación de manera positiva va a requerir sumar esfuerzos en la entrega constante de calidad. Las MYPE deben esforzarse por mantener altos estándares en sus productos o servicios, lo que crea una base sólida para su reputación. La consistencia en la calidad no solo satisface a los clientes existentes, sino que también atrae a nuevos consumidores que buscan marcas confiables y confiables. Además, el enfoque en la atención al cliente es esencial. Una comunicación abierta, una resolución rápida de problemas y un trato amigable marcan la diferencia en la percepción de la marca. Las experiencias positivas se traducen en comentarios positivos y recomendaciones, lo que contribuye a construir una reputación sólida y positiva en el mercado.

Un pilar clave en la gestión de la reputación es la excelencia. Las MYPE deben esforzarse por ofrecer un servicio excepcional en todas las interacciones con los clientes. Desde la atención telefónica hasta la entrega del producto, cada punto de contacto debe reflejar la dedicación de la empresa a la satisfacción del cliente. La excelencia no solo se trata de cumplir con las expectativas, sino de superarlas y brindar experiencias que sorprendan y deleiten a los clientes. Al establecer un estándar de excelencia y cumplirlo consistentemente, las MYPE pueden construir una reputación sólida y ganarse la confianza y lealtad de sus clientes.

En el mundo empresarial actual, una sola crisis puede tener un impacto significativo en la imagen de marca. Por lo tanto, las MYPE deben estar preparadas para manejar situaciones desafiantes con calma y confianza. Un plan de crisis bien diseñado ayuda a minimizar el daño y proteger la reputación de la marca. Además, las MYPE deben ser transparentes en su comunicación y estar dispuestas a asumir la responsabilidad en caso de errores. La manera en que una empresa enfrenta y supera una crisis tiene un efecto duradero en cómo se percibe su marca. Las MYPE tienen la facultad y deben desarrollar la destreza de gestionar eficazmente su reputación y construir una imagen de marca sólida y confiable en el mercado.

La experiencia del cliente es un factor crítico en la construcción y gestión de una marca empresarial sólida. Más allá de la simple transacción comercial, las MYPE deben esforzarse por diseñar experiencias que generen un impacto duradero en sus clientes. Esto implica ir más allá de la mera venta de productos o servicios y considerar cada punto de contacto como una oportunidad para crear momentos memorables y conexiones emocionales significativas.

En el viaje del cliente, desde el primer descubrimiento de la marca hasta el servicio postventa, cada interacción debe ser cuidadosamente planificada y ejecutada para influir positivamente en la percepción del cliente. Por ejemplo, el proceso de *marketing* y publicidad debe ser coherente con la promesa de la marca, transmitiendo de manera efectiva los valores y la identidad de la empresa. Esto crea una impresión inicial que resuena con los clientes y los atrae hacia la marca.

Esta perspectiva clave no solo se limita a la fase de adquisición; se extiende al servicio postventa. La forma en que las MYPE gestionan las consultas, resuelve problemas y atienden las necesidades de los clientes después de la compra puede ser un factor decisivo en la construcción de la lealtad a largo plazo. Los clientes que sienten que son valorados y atendidos adecuadamente tienen más probabilidades de regresar y recomendar la marca a otros.

Crear momentos memorables es esencial para dejar una impresión duradera en los clientes. Estos momentos pueden ser sorpresas agradables, gestos personalizados o interacciones excepcionales que hacen que los clientes se sientan especiales. Estos momentos no solo generan una conexión emocional, sino que también pueden ser compartidos en línea, lo que amplifica la visibilidad y el impacto positivo de la marca.

Además, la consistencia es clave en la experiencia del cliente. Cada interacción debe estar alineada con la promesa de la marca y reflejar sus valores y personalidad. La falta de coherencia puede llevar a la confusión y erosionar la confianza del cliente. Por lo tanto, las MYPE deben asegurarse de que cada miembro de su equipo esté alineado con la visión de la marca y sea capaz de brindar una experiencia coherente en todos los niveles.

La experiencia del cliente es un elemento fundamental en la construcción de una marca empresarial sólida y duradera. Al diseñar experiencias que trascienden la simple transacción y crear conexiones emocionales con los clientes, las MYPE pueden fomentar la lealtad a largo plazo y fortalecer su posición en el mercado. Cada punto de contacto con el cliente es una oportunidad para dejar una impresión positiva y construir una relación sólida.

Importancia de la coherencia y guardianes de la identidad

La coherencia en la gestión de la marca es un factor crítico para construir y mantener una identidad empresarial sólida y reconocible. Esto implica que las MYPE deben ser guardianes celosos de su identidad, asegurándose de que cada interacción con el cliente refleje de manera coherente los valores, la personalidad y la voz de la marca.

Una de las formas más efectivas de garantizar la coherencia es establecer pautas y estándares de marca sólidos. Estos documentos sirven como un manual que detalla cómo se debe utilizar y presentar la marca en todas las situaciones, desde materiales de *marketing* hasta comunicaciones en redes sociales y atención al cliente. Las pautas de marca pueden incluir elementos como el uso correcto de logotipos, colores corporativos, tipografía, tono de voz y estilo visual. Al proporcionar a todos los miembros del equipo estas directrices claras, se minimiza la posibilidad de desviaciones no deseadas.

La coherencia también se refleja en la forma en que se comunica la marca a través de todos los canales y puntos de contacto con el cliente. Esto significa que el mensaje central y los valores fundamentales de la marca deben ser consistentes en el sitio web de la empresa, en las publicaciones de redes sociales, en los correos electrónicos de *marketing* y en el servicio al cliente. Los clientes deben experimentar una narrativa y una voz de marca uniformes en cada interacción.

Asimismo, no solo implica la uniformidad visual y de comunicación, sino también la consistencia en la entrega de productos o servicios. Los clientes esperan una calidad constante y una experiencia confiable en cada transacción. Las MYPE deben asegurarse de que sus productos o servicios cumplan consistentemente con los estándares de calidad establecidos por la marca.

La falta de coherencia puede llevar a la confusión y erosionar la confianza del cliente. Cuando los clientes experimentan mensajes mixtos o variaciones significativas en la calidad, pueden sentirse inseguros acerca de la marca y buscar alternativas más predecibles y confiables. Por lo tanto, mantener la coherencia en todas las interacciones con el cliente es fundamental para construir y proteger la reputación de la marca.

Una gestión de marca exitosa requiere un enfoque constante en la coherencia y la consistencia. Las MYPE deben actuar como guardianes de su identidad, asegurándose de que cada aspecto de su negocio refleje de manera coherente los valores y la personalidad de la marca. Esto no solo fortalece la identidad de la marca, sino que también fomenta la confianza y la lealtad del cliente a largo plazo.

Definitivamente, una marca sólida puede ser un poderoso facilitador de crecimiento para las MYPE. En este contexto, no estamos hablando de un crecimiento meramente cuantitativo, sino de un crecimiento sustentable y cualitativo que permite a la empresa destacarse en el mercado y prosperar a largo plazo. Veamos cómo una marca bien construida contribuye a este proceso.

Primero, una marca sólida tiene el potencial de atraer nuevos clientes de manera efectiva. Cuando una marca se comunica de manera coherente y auténtica, crea una impresión positiva en el mercado. Los clientes potenciales son más propensos a confiar en una marca que conocen y perciben como confiable. Esto significa que la marca puede actuar como un imán para nuevos clientes, atrayéndolos a probar los productos o servicios de la empresa.

Además de atraer a nuevos clientes, una marca sólida también puede mejorar la fidelidad de los clientes existentes. Los clientes que tienen una conexión emocional con una marca tienden a ser más leales a lo largo del tiempo. Se sienten identificados con los valores y la personalidad de la marca, lo que los hace menos propensos a cambiar a la competencia incluso si surgen ofertas tentadoras. La lealtad del cliente no solo se traduce en ingresos continuos, sino también en la promoción boca a boca y la defensa de la marca.

Una construcción de marca sólida abre puertas a oportunidades de expansión. Cuando una MYPE ha construido una marca fuerte y confiable, puede considerar la diversificación de su oferta de productos o servicios. Los clientes que confían en la marca estarán dispuestos a probar nuevos productos o servicios bajo el mismo paraguas de la marca. Esto facilita la expansión en nuevas áreas de negocio y la captura de segmentos de mercado adicionales.

Definitivamente este enfoque actúa como un facilitador de crecimiento al atraer nuevos clientes, mejorar la fidelidad de los clientes existentes y abrir puertas a oportunidades de expansión. No se trata solo de un logotipo o un nombre, sino de la percepción, la confianza y la conexión emocional que la marca establece en el mercado.

Es importante también hablar acerca de la resiliencia de marca que actualmente es un activo invaluable en un mundo empresarial marcado por la volatilidad y el cambio constante. Las MYPE deben estar preparadas para enfrentar desafíos y adaptarse a las transformaciones del mercado sin comprometer su identidad y valores fundamentales. Aquí, exploraremos cómo lograr esta resiliencia de marca y cómo superar los desafíos y cambios con éxito.

En primer lugar, una marca resiliente es aquella que puede adaptarse a nuevas circunstancias sin perder su esencia. Esto significa que, si bien es importante estar abiertos a la evolución y la innovación, no debemos perder de vista los valores y principios que definen nuestra marca. Mantener una conexión sólida con estos valores centrales proporciona una guía constante incluso en momentos de cambio.

La flexibilidad es clave en la resiliencia de marca. Las MYPE deben estar dispuestas a ajustar su enfoque y estrategia según sea necesario para enfrentar desafíos inesperados. Un enfoque rígido y poco adaptable puede hacer que una marca sea vulnerable ante cambios repentinos en el mercado o en el entorno empresarial. La capacidad de pivotar y responder ágilmente es un rasgo distintivo de una marca resiliente.

Además, la comunicación efectiva desempeña un papel vital en la resiliencia de marca. En momentos de crisis o cambios significativos, es esencial mantener una comunicación clara y transparente con los clientes y *stakeholders*. Esto no solo ayuda a preservar la confianza, sino que también puede convertirse en una oportunidad para fortalecer la relación con los clientes al demostrar que la marca está dispuesta a enfrentar los desafíos de manera honesta y proactiva.

La innovación también desempeña un papel en la resiliencia de marca. Las MYPE deben estar dispuestas a explorar nuevas formas de abordar los desafíos y aprovechar las oportunidades emergentes. La capacidad de pensar de manera creativa y encontrar soluciones innovadoras puede marcar la diferencia en momentos críticos.

Por todo lo expuesto, la resiliencia de marca implica la capacidad de enfrentar desafíos y cambios sin comprometer los valores centrales de la marca. Esto se logra mediante la flexibilidad, la comunicación efectiva, la innovación y el mantenimiento de una conexión sólida con la identidad de la marca. Una marca resiliente no solo sobrevive a los desafíos, sino que también sale de ellos más fuerte y mejor preparada para el futuro.

Para cerrar este capítulo, es importante mencionar el proceso de llevar a cabo de manera constante, la medición del impacto de una marca empresarial, lo cual es esencial para una eficiente gestión estratégica de la misma. Las MYPE deben ser capaces de evaluar de manera precisa y efectiva cómo su marca está siendo percibida por su audiencia y cómo está contribuyendo al éxito de su negocio. Aquí, nos sumergiremos en la importancia de medir el impacto de la marca y cómo hacerlo de manera efectiva.

Una métrica fundamental en la valoración de la marca es el reconocimiento. ¿Cuántas personas reconocen y pueden identificar tu marca de manera instantánea? Esto se mide a menudo mediante encuestas y estudios de mercado que evalúan la notoriedad de la marca en el mercado. Un alto nivel de reconocimiento de marca es un indicador positivo de que tu marca está resonando con la audiencia.

La percepción de la marca también es fundamental. ¿Cómo se percibe tu marca en términos de calidad, confiabilidad y autenticidad? Las encuestas de satisfacción del cliente y la retroalimentación directa son herramientas útiles para evaluar la percepción de la marca. Una marca que es percibida positivamente es más propensa a ganar la lealtad del cliente.

Otro aspecto crucial que se debe medir es la lealtad del cliente. ¿Con qué frecuencia los clientes regresan a tu negocio? ¿Recomiendan tu marca a otros? La lealtad del cliente se puede evaluar mediante la retención de clientes, las tasas de recompra y las referencias. Una marca que inspira lealtad tiene un valor significativo a largo plazo.

El concepto de asociación de marca es un aspecto interesante de la medición de impacto. ¿Tu marca está asociada con ciertos valores o atributos en la mente de los consumidores? Por ejemplo, una marca puede estar asociada con la innovación, la sostenibilidad o la confiabilidad. Estas asociaciones se pueden evaluar mediante investigaciones específicas que exploran las percepciones de la marca en relación con ciertos atributos.

Finalmente, el valor financiero de la marca es una métrica clave. ¿Cuánto contribuye la marca al valor total de tu negocio? Las marcas fuertes a menudo tienen un valor considerable en términos financieros, lo que puede ser un activo importante en la valoración de la empresa.

Medir el impacto de una marca es fundamental para comprender cómo está siendo percibida por la audiencia y cómo contribuye al éxito del negocio. Esto se logra a través de métricas como el reconocimiento, la percepción, la lealtad, la asociación de marca y el valor financiero. Una gestión efectiva de la marca implica no solo construir una marca sólida, sino también evaluar continuamente su impacto y realizar ajustes estratégicos según sea necesario.

Capítulo 7

El poder de las alianzas estratégicas: colaboración para el éxito

En esta sétima parada de nuestro viaje empresarial analizaremos el fascinante mundo de las alianzas estratégicas y la colaboración entre las Micro y Pequeñas Empresas (MYPE). A menudo, se dice que la unión hace la fuerza, y esto es especialmente cierto en el ámbito empresarial. Las alianzas estratégicas ofrecen a las MYPE la oportunidad de aprovechar sinergias, compartir conocimientos y recursos, y ampliar su alcance en el mercado de una manera que a menudo sería difícil de lograr por sí solas.

La gestión de alianzas estratégicas es una habilidad esencial que cualquier MYPE interesada en el crecimiento sostenible debe dominar. La clave está en poder crear una estructura de gestión efectiva que permita garantizar que las alianzas se desarrollen de manera armoniosa y cumplan sus objetivos. Se puede alcanzar el éxito a través de colaboraciones estratégicas, demostrando que, cuando se hace correctamente, el poder de las alianzas puede ser una fuerza impulsora impresionante.

Adentrándonos en este apasionante territorio, podemos comprender la importancia crítica de estas colaboraciones para las MYPE. En un mundo empresarial cada vez más competitivo y complejo, las MYPE a menudo se enfrentan a recursos limitados y desafíos significativos para crecer y prosperar por sí solas. Las alianzas estratégicas les ofrecen una vía efectiva para superar estos obstáculos, al permitirles unir fuerzas con otros actores del mercado.

Forjar relaciones sólidas con socios estratégicos es un proceso fundamental. Al igual que en la naturaleza, donde la simbiosis entre diferentes especies permite la supervivencia y el florecimiento, las MYPE pueden encontrar en sus socios estratégicos una fuente de apoyo mutuo. La colaboración puede llevar a un intercambio mutuamente beneficioso de recursos, conocimientos y habilidades, permitiendo a las MYPE abordar nuevos mercados, innovar en productos o servicios, y responder de manera efectiva a los desafíos cambiantes.

El identificar socios potenciales requiere un enfoque estratégico. Al comprender sus propias necesidades y limitaciones, las MYPE pueden buscar socios cuyas fortalezas complementen sus debilidades. Esto es como armar un rompecabezas donde las piezas encajan perfectamente, lo que resulta en una imagen completa y exitosa. Establecer acuerdos mutuamente beneficiosos es una parte fundamental de este proceso. La claridad y la honestidad en la definición de roles y expectativas son esenciales para garantizar una colaboración armoniosa y productiva.

Se considera a la gestión efectiva de alianzas estratégicas como un arte en sí mismo. Requiere una comunicación constante, una asignación clara de responsabilidades y una atención meticulosa a los indicadores de progreso. A medida que las alianzas evolucionan, la adaptación y la flexibilidad son clave para mantener el rumbo hacia los objetivos acordados. La ejecución de alianzas estratégicas demuestra que, cuando se gestionan con habilidad, estas colaboraciones pueden convertirse en un motor impresionante para el crecimiento empresarial y el logro de metas ambiciosas.

Sin duda, la construcción de relaciones sólidas es un aspecto fundamental en el camino hacia el éxito empresarial. En un mundo empresarial cada vez más interconectado, las MYPE se dan cuenta de que la colaboración puede abrir puertas a un crecimiento significativo. Las alianzas estratégicas, como una danza cuidadosamente coreografiada, permiten a las MYPE combinar sus habilidades y recursos de manera efectiva, lo que les brinda una ventaja competitiva distintiva.

El proceso de forjar relaciones sólidas comienza con la identificación de socios potenciales. Es como buscar el compañero adecuado para un baile: deben estar en sintonía y ser compatibles en términos de objetivos y valores. Las MYPE deben evaluar cuidadosamente las fortalezas y debilidades de posibles socios para garantizar que la colaboración sea mutuamente beneficiosa y que ambos puedan avanzar hacia metas compartidas.

La comunicación es clave en la gestión de estas alianzas. Así como en una danza, la sincronización y la armonía son esenciales para lograr un rendimiento impresionante. Las MYPE deben establecer canales de comunicación efectivos y mantener una comunicación abierta y constante con sus socios estratégicos. Esto garantiza que ambas partes estén alineadas en términos de objetivos y que cualquier desafío o problema se aborde de manera eficiente.

Establecer acuerdos mutuamente beneficiosos es otro aspecto crucial de la forja de relaciones sólidas. En una danza, los pasos deben estar bien definidos para evitar confusiones y tropezones. Del mismo modo, en las alianzas estratégicas, las responsabilidades y los roles deben estar claramente delineados para evitar malentendidos y conflictos. Un acuerdo bien elaborado establece las bases para una colaboración exitosa.

La gestión efectiva de estas alianzas requiere una atención constante a los indicadores de progreso. Al igual que un bailarín se esfuerza por mantener el ritmo y la sincronización, las MYPE deben monitorear regularmente el desempeño de la alianza y realizar ajustes cuando sea necesario. La flexibilidad y la adaptación son esenciales para garantizar que la colaboración siga siendo efectiva a medida que evolucionan las circunstancias.

Por todo lo acontecido, definimos a las alianzas estratégicas como una danza que lleva a las MYPE a nuevos niveles de éxito. Cuando se gestionan cuidadosamente, estas colaboraciones pueden ser un motor poderoso para el crecimiento empresarial, permitiendo a las MYPE alcanzar metas que podrían ser inalcanzables por sí solas. La construcción de relaciones sólidas es un paso esencial en este emocionante viaje empresarial.

La identificación de socios potenciales es un proceso crucial en la gestión de alianzas estratégicas. Como en la selección de un compañero de baile, es importante encontrar la pareja adecuada que se adapte a tus necesidades y objetivos. Para ello, es fundamental tener una comprensión clara de las metas y necesidades de tu MYPE.

En este proceso de búsqueda, es esencial definir tus desafíos y áreas donde necesitas apoyo. ¿Tu MYPE está buscando expandirse a nuevos mercados? ¿Necesitas acceso a tecnologías específicas? ¿Buscas aumentar tu base de clientes? Identificar tus carencias y aspiraciones te proporcionará una guía clara para buscar socios cuyas capacidades y recursos complementen tus necesidades.

Otro aspecto importante es evaluar las fortalezas y debilidades de posibles socios. No todos los candidatos serán adecuados, y es crucial encontrar un equilibrio entre tus metas y las de tus socios potenciales. Debes evaluar la experiencia, la reputación y la trayectoria de los candidatos para garantizar que estén alineados con tus objetivos.

La compatibilidad cultural y de valores también es fundamental. Tal como en una danza, la sincronización y la armonía son esenciales para el éxito de una alianza estratégica. Las MYPE deben asegurarse de que comparten una visión similar y que sus valores y principios estén alineados. Esto facilitará la comunicación efectiva y la colaboración sin problemas.

Una vez identificados los socios potenciales, es importante establecer un proceso de selección riguroso. Este proceso debe incluir la evaluación de las capacidades, la revisión de referencias y la elaboración de un perfil claro de lo que buscas en un socio estratégico. Tomarse el tiempo necesario para seleccionar cuidadosamente a tus socios es esencial para garantizar el éxito a largo plazo de la alianza.

El proceso de identificación de socios potenciales es un paso fundamental en el camino hacia la construcción de relaciones sólidas y el aprovechamiento de sinergias comerciales. Cuando se eligen con sabiduría, los socios estratégicos pueden ser una fuente invaluable de apoyo, recursos y oportunidades para tu MYPE. Como en una danza bien coreografiada, encontrar el compañero adecuado puede llevar a una actuación impresionante en el escenario empresarial.

Establecer acuerdos mutuamente beneficiosos es una etapa crucial en la gestión de alianzas estratégicas. Similar a la coreografía en una danza, donde cada movimiento debe estar en sincronía, los acuerdos deben ser cuidadosamente diseñados para garantizar que ambas partes estén alineadas y comprometidas con el éxito de la colaboración.

Primero y, ante todo, los roles y responsabilidades deben ser definidos con claridad. Tal como en una danza, donde cada bailarín sabe cuál es su papel en la coreografía, en una alianza estratégica, cada empresa debe comprender su función y contribución específicas. Esto evita confusiones y malentendidos en el futuro.

Además, los objetivos de la alianza deben ser establecidos con precisión. Como en una danza bien ensayada, ambas partes deben estar en sintonía sobre lo que quieren lograr juntas. ¿Se trata de expandir el mercado? ¿Desarrollar nuevos productos o servicios? ¿Compartir recursos o conocimientos? Establecer metas y expectativas claras garantiza que ambas partes trabajen hacia un resultado común.

La transparencia y la comunicación abierta son cruciales en esta etapa. Similar a la comunicación entre los bailarines durante una actuación, en una alianza estratégica, las empresas deben estar dispuestas a compartir información, ideas y retroalimentación de manera honesta. Esto fortalece la confianza y mejora la toma de decisiones conjuntas.

Una vez que los términos del acuerdo estén definidos, es esencial que ambas partes estén seguras de que la colaboración será mutuamente beneficiosa. De la misma manera que en una danza donde los pasos deben complementarse entre sí, los acuerdos deben estar diseñados de manera que ambas empresas obtengan un valor significativo de la alianza.

La negociación efectiva desempeña un papel fundamental en esta etapa. Cada detalle del acuerdo debe ser examinado y discutido para garantizar que sea equitativo y equilibrado. Es importante que ambas partes sientan que están obteniendo un trato justo y que sus intereses están protegidos.

Establecer acuerdos mutuamente beneficiosos es el núcleo de una alianza estratégica sólida. Similar a una coreografía bien ensayada, donde cada paso es crucial, estos acuerdos sientan las bases para una colaboración exitosa y duradera. Cuando se hace con cuidado y atención, las alianzas estratégicas pueden ser una fuente poderosa de crecimiento y éxito empresarial.

La adaptabilidad es otra habilidad esencial en una alianza estratégica. Similar a un bailarín que se ajusta al ritmo de la música, las empresas deben ser flexibles y capaces de adaptarse a cambios en el mercado o en las circunstancias internas. La capacidad de cambiar de dirección o tomar medidas correctivas cuando sea necesario es fundamental para el éxito a largo plazo de la colaboración.

El desarrollo de confianza en ambas partes también es un componente clave. Como en una danza de pareja, donde los bailarines deben confiar en el otro para evitar caídas, en una alianza estratégica, las empresas deben confiar en que su socio cumplirá con sus compromisos. Esta confianza se construye con el tiempo a través de una comunicación abierta, la entrega consistente y el cumplimiento de los acuerdos.

Además, la medición y el seguimiento del progreso son esenciales. De igual manera un coreógrafo supervisa una actuación para asegurarse de que cada movimiento sea preciso, las empresas deben monitorear el desempeño de la alianza. Esto implica evaluar regularmente si se están cumpliendo los objetivos acordados y si la colaboración sigue siendo mutuamente beneficiosa.

El cierre adecuado de una alianza estratégica es tan importante como su inicio. Tal como en una actuación bien coreografiada concluye con un elegante final, las empresas deben planificar la terminación de la colaboración de manera que ambas partes se separen en buenos términos y, en algunos casos, puedan mantener relaciones futuras.

Una alianza estratégica exitosa es como una danza bien ensayada: requiere coordinación, comunicación, adaptabilidad, confianza y un seguimiento constante. Cuando se maneja con maestría, puede llevar a ambas empresas a nuevos niveles de éxito y crecimiento.

La gestión efectiva de alianzas estratégicas es una pieza fundamental para garantizar que la colaboración sea un éxito continuo. Una vez que la alianza está en funcionamiento, la comunicación constante y efectiva se convierte en la columna vertebral de la relación. Las empresas deben mantenerse en contacto regular, compartiendo actualizaciones, desafíos y éxitos. Esta comunicación abierta garantiza que ambas partes estén al tanto de los desarrollos y puedan tomar decisiones informadas a medida que avanza la colaboración.

Es crucial establecer una estructura de gestión sólida para la alianza. Esto implica designar responsables en ambas organizaciones que supervisen el progreso y el cumplimiento de los objetivos acordados. Al definir roles y responsabilidades claras, se evita la confusión y se fomenta una mayor eficiencia en la ejecución de tareas.

El proceso implementación de indicadores clave de rendimiento (KPI) es otra práctica esencial en la gestión de alianzas. Estos KPI permiten medir y evaluar el progreso hacia los objetivos establecidos. Al monitorear el rendimiento de manera regular, las empresas pueden identificar rápidamente cualquier desviación y tomar medidas correctivas si es necesario.

Formar una alianza estratégica debe ser vista como una inversión a largo plazo. Ambas partes deben trabajar juntas para garantizar que los objetivos acordados se cumplan a lo largo del tiempo. Esto requiere un compromiso continuo con la relación y una voluntad de adaptarse a medida que cambian las circunstancias del mercado.

La confianza sigue siendo un componente clave en la gestión de alianzas estratégicas. Las empresas deben confiar en que su socio cumplirá con sus compromisos y expectativas. Esta confianza se construye con el tiempo a través de la comunicación abierta, la transparencia y el cumplimiento constante de los acuerdos.

El desarrollo de una gestión efectiva de alianzas estratégicas implica una comunicación constante, una estructura de gestión sólida, la implementación de KPI, un compromiso a largo plazo y la construcción de confianza. Cuando se lleva a cabo de manera adecuada, una alianza estratégica puede ser una fuente significativa de crecimiento y éxito para ambas partes involucradas. Este capítulo profundizará en estos aspectos y proporcionará una guía detallada sobre cómo gestionar alianzas estratégicas de manera efectiva.

Durante la travesía por este séptimo capítulo, hemos explorado el poder y la importancia de las alianzas estratégicas en el mundo de las MYPE. Hemos descubierto cómo estas colaboraciones pueden abrir nuevas puertas, ampliar horizontes y permitir un crecimiento sostenible que, de otro modo, podría resultar difícil de alcanzar. Como en una danza bien coreografiada, las alianzas estratégicas pueden permitir que las MYPE aprovechen sinergias únicas y logren un impacto mucho mayor juntas de lo que podrían lograr por separado.

Hemos aprendido que forjar relaciones sólidas con otras empresas es esencial en un mercado cada vez más competitivo y complejo. La identificación de socios potenciales que complementen nuestras fortalezas y ayuden a superar nuestras debilidades es un paso crítico hacia el éxito en la gestión de alianzas estratégicas. La transparencia y la comunicación abierta, junto con acuerdos mutuamente beneficiosos, sientan las bases para una colaboración exitosa y duradera.

La gestión efectiva de alianzas estratégicas es un arte que requiere una comunicación constante, una estructura de gestión sólida y la implementación de indicadores clave de rendimiento. Además, debe ser vista como una inversión a largo plazo que se nutre con el tiempo y la confianza construida a través del cumplimiento constante de los acuerdos. En resumen, las alianzas estratégicas son un poderoso instrumento que puede impulsar el éxito de las MYPE y permitirles alcanzar niveles de logro que, de otro modo, serían difíciles de alcanzar. En el siguiente capítulo, exploraremos otro aspecto fundamental en el viaje empresarial: *marketing* digital y experiencia del cliente en la era digital.

Capítulo 8

Marketing digital y experiencia del cliente en la era digital

Este capítulo nos sumerge en un emocionante viaje a través del *marketing* digital y la experiencia del cliente en la era digital. En un mundo donde la tecnología y la conectividad están en constante evolución, las MYPE se enfrentan a desafíos y oportunidades sin precedentes. El *marketing* digital se ha convertido en un pilar fundamental para llegar a las audiencias de manera efectiva y eficiente. Exploraremos cómo las MYPE pueden navegar por el vasto océano del *marketing* digital y crear conexiones significativas con sus clientes en línea.

La experiencia del cliente en la era digital es una parte esencial de la estrategia empresarial moderna. Los consumidores tienen expectativas cada vez más altas en términos de accesibilidad, conveniencia y personalización. Las MYPE pueden satisfacer estas demandas mediante la creación de experiencias excepcionales que mantengan a los clientes comprometidos y satisfechos. Además, es fundamental destacar la importancia de la retroalimentación constante y cómo las herramientas digitales pueden ser utilizadas para obtener información valiosa sobre las preferencias y necesidades de los clientes.

El *marketing* digital es un universo diverso y en constante cambio. Existe una variedad de estrategias y tácticas que las MYPE pueden utilizar para aumentar su visibilidad en línea. Desde la optimización de motores de búsqueda (SEO, por sus siglas en inglés) hasta la publicidad en redes sociales y el *marketing* de contenidos, estas herramientas ayudan a las MYPE a destacarse en el ruidoso panorama digital.

La medición y análisis de resultados en el *marketing* digital son componentes críticos para evaluar el rendimiento de las estrategias implementadas. A través de la recopilación de datos y el uso de herramientas analíticas, las MYPE pueden comprender mejor cómo están funcionando sus esfuerzos de *marketing* y realizar ajustes en tiempo real. Actualmente existen desafíos que enfrentan las MYPE en este entorno digital, como la seguridad de datos y la gestión de la reputación en línea.

En última instancia, este capítulo ofrece una visión completa de cómo las MYPE pueden abrazar el *marketing* digital y mejorar la experiencia del cliente en la era digital. A medida que avanzamos en este viaje, descubriremos estrategias efectivas, herramientas poderosas y mejores prácticas que pueden ayudar a las MYPE a prosperar en este emocionante mundo digital.

En la actualidad, el éxito en el *marketing* digital para las MYPE se basa en una sólida comprensión de las estrategias efectivas en línea. Estas estrategias permiten a las MYPE conectarse de manera efectiva con su audiencia y mejorar la experiencia del cliente en un entorno altamente digitalizado.

Un pilar fundamental y central para las MYPE, definitivamente es la aplicación del *marketing* en redes sociales. Plataformas como Facebook, Instagram y Twitter ofrecen oportunidades únicas para crear una presencia en línea sólida y comprometida. El uso de estrategias de contenido, publicidad segmentada e interacción con la comunidad puede ayudar a las MYPE a cultivar seguidores leales y atraer a nuevos clientes.

La SEO es fundamental para aumentar la visibilidad en línea de las MYPE. Al mejorar su clasificación en los motores de búsqueda, las MYPE pueden aumentar el tráfico orgánico a su sitio web y llegar a un público más amplio. Esto se logra mediante la investigación de palabras clave, la optimización técnica del sitio web y la creación de contenido de alta calidad.

Desarrollar una estrategia efectiva para llegar a un público objetivo específico es la publicidad en línea. Herramientas como Google Ads y Facebook Ads permiten a las MYPE crear campañas publicitarias dirigidas, optimizando así el uso de su presupuesto de publicidad y mejorando las tasas de conversión. La segmentación precisa basada en intereses y datos demográficos permite a las MYPE llegar a personas que tienen más probabilidades de estar interesadas en sus productos o servicios.

La personalización es una tendencia creciente en el *marketing* digital. Las MYPE utilizan la recopilación de datos y la segmentación precisa para ofrecer contenido y ofertas personalizadas a sus clientes. Esta estrategia no solo aumenta la participación del cliente, sino que también mejora las tasas de conversión al proporcionar experiencias individualizadas que responden a las necesidades y preferencias de cada cliente.

El *marketing* digital ofrece una variedad de estrategias efectivas que las MYPE pueden aprovechar para aumentar su visibilidad en línea y mejorar la experiencia del cliente en la era digital. Estas estrategias, desde el *marketing* en redes sociales hasta el SEO, la publicidad en línea y la personalización, son fundamentales para el crecimiento y el éxito en línea de las MYPE en el entorno digital en constante evolución.

En la era digital, la experiencia del cliente se ha vuelto fundamental para el éxito de las MYPE. Ya no se trata solo de vender un producto o servicio; se trata de cómo los clientes se sienten durante todo su viaje digital. El diseño de una experiencia digital excepcional comienza con un sitio web amigable y fácil de navegar. Las MYPE deben asegurarse de que su sitio web sea intuitivo, responda rápidamente y esté optimizado para dispositivos móviles. Un sitio web bien diseñado facilita la búsqueda de información y la realización de compras, lo que contribuye a una experiencia positiva.

Desarrollar el concepto de la atención al cliente en línea es otra pieza fundamental del rompecabezas de la experiencia del cliente en el mundo digital. Las MYPE deben estar disponibles para responder preguntas, resolver problemas y brindar asistencia de manera eficiente a través de canales como el chat en vivo, el correo electrónico o las redes sociales. La rapidez y la calidad de estas respuestas pueden marcar una gran diferencia en la percepción del cliente sobre la marca.

La gestión de la reputación en línea también desempeña un papel crucial. Los comentarios y reseñas en línea tienen un impacto significativo en la decisión de compra de los clientes. Las MYPE deben estar atentas a lo que se dice sobre ellas en plataformas como Google, Yelp o redes sociales. La respuesta a las críticas, tanto positivas como negativas, muestra un compromiso con la satisfacción del cliente y puede influir en la percepción general de la marca.

Otra estrategia clave para mejorar la experiencia del cliente en el mundo digital es sin lugar a duda la personalización. El recopilar datos sobre el comportamiento y las preferencias de los clientes, les permite a las MYPE ofrecer contenido y ofertas personalizadas que resuenen con cada individuo. Esto no solo aumenta la participación del cliente, sino que también puede conducir a conversiones más exitosas.

Además, la consistencia en la experiencia del cliente en todos los puntos de contacto es esencial. Ya sea en el sitio web, en las redes sociales o en el servicio de atención al cliente, la marca debe mantener una imagen y un tono coherentes. Esto crea una sensación de familiaridad y confianza para los clientes.

En un mundo cada vez más digital, la experiencia del cliente es fundamental. Medios como páginas web bien diseñadas, una atención al cliente en línea eficiente, la gestión de la reputación en línea, la personalización y la coherencia en todos los puntos de contacto, contribuyen a la construcción de una eficiente y magnánima experiencia hacia el cliente. Estos elementos se combinan para crear conexiones emocionales duraderas con los clientes y contribuyen al éxito de las MYPE en la era digital.

El contenido de valor es otro de los pilares fundamentales en el *marketing* digital de las MYPE en la era digital. Proporcionar información relevante y útil a los clientes y prospectos no solo ayuda a establecer la autoridad de la marca, sino que también contribuye a construir relaciones sólidas con la audiencia.

En este contexto, el concepto de *bloggers* se ha convertido en una estrategia esencial. Las MYPE pueden crear y compartir contenido de blog que aborde los desafíos, necesidades y preguntas de su audiencia. Estos blogs pueden cubrir una amplia variedad de temas relacionados con su industria, productos o servicios. Proporcionar respuestas a preguntas frecuentes o consejos útiles demuestra que la empresa se preocupa por el bienestar y la satisfacción de sus clientes.

El *marketing* de contenido no se limita solo a los blogs. Las MYPE pueden diversificar su estrategia de contenido incluyendo videos, infografías, podcasts y más. La variedad de formatos permite llegar a diferentes segmentos de la audiencia que pueden preferir diferentes tipos de contenido. Esto amplía el alcance y el impacto del contenido.

La capacidad del valor de contenido radica en la destreza de poder educar y entretener al mismo tiempo. Las MYPE pueden utilizar historias y casos de estudio para ilustrar cómo sus productos o servicios han beneficiado a los clientes. Además, pueden aprovechar la oportunidad para demostrar su experiencia y conocimiento en su campo, lo que fortalece la confianza y la credibilidad.

Asimismo, La interacción con la audiencia es una parte esencial del *marketing* de contenido. Las MYPE deben alentar comentarios y respuestas de la audiencia en sus blogs y publicaciones de redes sociales. Esto crea un diálogo bidireccional que permite a la marca comprender mejor las necesidades de su audiencia y ajustar su estrategia de contenido en consecuencia.

Toda MYPE debe establecer un calendario editorial y seguirlo al pie de la letra ya que la consistencia en la publicación de contenido es totalmente clave, para el éxito en el *marketing* digital. La regularidad en la entrega de contenido mantiene a la audiencia comprometida y esperando nuevos recursos útiles.

El contenido de valor es esencial en el *marketing* digital de las MYPE. A través de blogs, videos, infografías y otros formatos, las empresas pueden educar, entretener y construir relaciones sólidas con su audiencia. La interacción y la consistencia en la entrega de contenido son aspectos clave para el éxito en esta estrategia.

La automatización del *marketing* y el Customer Relationship Management (CRM) se han convertido en herramientas esenciales para las MYPE en la era digital. Estas soluciones ofrecen una serie de beneficios clave que contribuyen al éxito del *marketing* digital y la gestión de relaciones con los clientes.

El Marketing Automation permite a las MYPE programar y optimizar tareas repetitivas, como el envío de correos electrónicos de seguimiento o la publicación de contenido en redes sociales. Esto ahorra tiempo y recursos, lo que es especialmente valioso para las MYPE con equipos pequeños y limitados. La automatización también ayuda a garantizar la consistencia en las comunicaciones con los clientes.

Un componente fundamental de la automatización del *marketing* es la segmentación de la audiencia. Las MYPE pueden dividir su base de datos de contactos en grupos según criterios específicos, como el comportamiento de compra o las preferencias. Esto permite enviar mensajes más relevantes y personalizados a cada grupo, aumentando la efectividad de las campañas.

El CRM, por otro lado, se centra en la gestión de las relaciones con los clientes. Proporciona una plataforma centralizada para almacenar y acceder a información sobre los clientes, como datos de contacto, historiales de compras y comunicaciones anteriores. Esto facilita la personalización de las interacciones y permite a las MYPE brindar un servicio más eficiente y orientado al cliente.

La combinación de la automatización del *marketing* y el CRM es poderosa. Permite a las MYPE automatizar procesos de seguimiento de clientes, como el envío de correos electrónicos de agradecimiento o recordatorios de renovación. También facilita la evaluación del rendimiento de las campañas y la identificación de oportunidades para mejorar.

Otra ventaja clave de la automatización y el CRM es la capacidad de rastrear el comportamiento del cliente. Las MYPE pueden ver qué correos electrónicos se abren y cuáles se ignoran, qué enlaces se hacen clic y qué productos generan más interés. Esta información es invaluable para ajustar las estrategias y ofrecer contenido y ofertas más relevantes.

Definitivamente la automatización del *marketing* y el CRM son herramientas esenciales para las MYPE en la era digital. Ayudan a optimizar las comunicaciones con los clientes, aumentar la personalización y mejorar la eficiencia operativa. La combinación de ambas herramientas puede impulsar el crecimiento y el éxito en el entorno digital altamente competitivo.

El *marketing* digital ofrece una serie de oportunidades emocionantes para las MYPE, pero también presenta desafíos únicos que deben abordarse estratégicamente para tener éxito en este entorno altamente competitivo.

Una de las oportunidades más notables en el *marketing* digital es la capacidad de llegar a una audiencia global. Las MYPE pueden promocionar sus productos o servicios a nivel internacional sin la necesidad de una infraestructura física costosa en ubicaciones extranjeras. Esto abre puertas a nuevos mercados y oportunidades de crecimiento.

Otra oportunidad clave es la capacidad de medir y analizar el rendimiento en tiempo real. Las MYPE pueden utilizar herramientas de análisis web para rastrear métricas como el tráfico del sitio web, las conversiones y las tasas de clics. Esto permite una toma de decisiones más informada y la optimización continua de las estrategias de *marketing*.

La personalización es una tendencia importante en el *marketing* digital, y es una oportunidad significativa para las MYPE. La capacidad de segmentar y entregar contenido y ofertas personalizados a los clientes puede aumentar la participación y la conversión. Las MYPE pueden utilizar datos recopilados para comprender mejor las necesidades y preferencias de sus clientes y responder de manera efectiva.

Sin embargo, el *marketing* digital también presenta desafíos significativos. La competencia en línea es feroz, con numerosas empresas compitiendo por la atención de los mismos clientes. Las MYPE deben esforzarse por destacar entre la multitud y diferenciarse de manera efectiva.

La seguridad cibernética es un desafío importante en el *marketing* digital. A medida que las MYPE recopilan y almacenan datos de clientes en línea, es fundamental garantizar la protección de esta información contra amenazas cibernéticas. La falta de seguridad puede dañar la reputación de una empresa y socavar la confianza del cliente.

Otro desafío crítico es la gestión de reputación en línea. Las críticas y comentarios pueden difundirse rápidamente en línea y afectar la percepción de una marca. Las MYPE deben estar preparadas para abordar comentarios negativos de manera efectiva y fomentar una imagen positiva en línea.

El *marketing* digital ofrece oportunidades emocionantes y desafíos significativos para las MYPE. Aquellas que pueden aprovechar las oportunidades y abordar los desafíos estratégicamente están bien posicionadas para tener éxito en este entorno en constante evolución.

Un campo que está en constante evolución, y entender las tendencias futuras definitivamente es el *marketing* digital. Dicha herramienta es fundamental para mantenerse relevante y competitivo en el entorno digital en constante cambio.

Una de las tendencias más destacadas en el *marketing* digital es el aumento de la importancia del contenido de video. Las plataformas de redes sociales, como YouTube, TikTok e Instagram, continúan creciendo en popularidad, y el video se ha convertido en una forma efectiva de atraer y retener a la audiencia. Las MYPE deben considerar la integración de contenido de video en sus estrategias de *marketing* para aprovechar esta tendencia.

La inteligencia artificial (IA) y el aprendizaje automático están transformando la forma en que se realiza el *marketing* digital. Estas tecnologías permiten una mayor personalización y automatización en la interacción con los clientes. Las MYPE pueden utilizar *chatbots* impulsados por IA para brindar respuestas rápidas a las preguntas de los clientes y analizar datos para comprender mejor las necesidades de su audiencia.

El *marketing* de *influencers* es otra tendencia que continúa creciendo. A través de las redes sociales tienen seguidores leales y pueden tener un impacto significativo en la percepción de una marca. Las MYPE pueden colaborar con aquellos que se alineen con sus valores y público objetivo para llegar a nuevos clientes de manera auténtica.

Otro aspecto importante es el *marketing* de contenidos que sigue siendo fundamental, pero la forma en que se presenta el contenido está cambiando. Los usuarios buscan contenido más interactivo y atractivo, como encuestas, cuestionarios y experiencias inmersivas. Las MYPE deben considerar cómo pueden diversificar su contenido para mantener el compromiso de la audiencia.

La privacidad de los datos es una preocupación cada vez mayor, y las regulaciones, como el Reglamento General de Protección de Datos (GDPR) de la Unión Europea, están afectando la forma en que se recopilan y utilizan los datos. Las MYPE deben asegurarse de cumplir con estas regulaciones y ser transparentes en su manejo de los datos del cliente.

Por último, la realidad aumentada (RA) y la realidad virtual (RV) están ganando tracción en el *marketing* digital. Estas tecnologías permiten experiencias inmersivas que pueden ser utilizadas para mostrar productos y servicios de manera única. Las MYPE pueden explorar cómo pueden incorporar la RA y la RV en sus estrategias de *marketing* para destacar en un mercado cada vez más competitivo.

En este capítulo, hemos explorado a fondo el emocionante mundo del *marketing* digital y la experiencia del cliente en la era digital. Hemos descubierto que el entorno empresarial actual exige a las MYPE una presencia sólida en línea y estrategias de *marketing* digital efectivas para destacar en un mercado cada vez más competitivo.

Hemos analizado estrategias clave, como el *marketing* en redes sociales, la optimización de motores de búsqueda, la publicidad en línea y la personalización, que permiten a las MYPE conectarse de manera efectiva con sus audiencias y atraer a nuevos clientes. La importancia de estas estrategias radica en su capacidad para aumentar la visibilidad en línea y la participación del cliente, lo que finalmente se traduce en un crecimiento empresarial sostenible.

Además, hemos profundizado en la experiencia del cliente en el mundo digital, destacando la importancia de diseñar experiencias digitales que vayan más allá de la simple transacción. La atención al cliente en línea, la gestión de la reputación en línea y el contenido de valor son elementos esenciales para garantizar una experiencia positiva para el cliente, lo que puede llevar a la lealtad y la retención a largo plazo.

También se ha explorado la automatización del *marketing* y el CRM, que permiten a las MYPE gestionar de manera más eficiente las interacciones con los clientes y recopilar datos valiosos para la toma de decisiones estratégicas.

Sin embargo, no hemos pasado por alto los desafíos en el *marketing* digital, como la privacidad de los datos y las regulaciones en constante cambio. Las MYPE deben ser conscientes de estas cuestiones y asegurarse de mantener prácticas éticas y cumplir con las regulaciones aplicables.

Por último, se han desarrollado conceptos respecto a las tendencias futuras en el *marketing* digital, desde el auge del contenido de video hasta la creciente influencia de la inteligencia artificial y la realidad aumentada. Estas tendencias ofrecen oportunidades emocionantes para las MYPE que estén dispuestas a innovar y adaptarse.

En resumen, el *marketing* digital y la experiencia del cliente en la era digital son esenciales para el éxito de las MYPE en el mundo actual. Al comprender y aplicar estrategias efectivas, diseñar experiencias memorables y estar atentos a las tendencias emergentes, las MYPE pueden navegar con éxito por el paisaje digital en constante evolución y prosperar en el mercado actual.

Capítulo 9

Sostenibilidad y responsabilidad empresarial: más allá de las ganancias

En el contexto empresarial actual, la sostenibilidad y la responsabilidad social son temas que han cobrado una relevancia inmensa. Las MYPE, aunque pueden ser más pequeñas en tamaño, no están exentas de la necesidad de adoptar prácticas sostenibles y responsables. Más allá de las ganancias inmediatas, estas prácticas pueden traer beneficios significativos tanto para las empresas como para la sociedad en general.

En primer lugar, es fundamental entender qué significa la sostenibilidad empresarial. Esto implica la gestión consciente de los recursos y las operaciones de una empresa para minimizar su impacto ambiental. Las MYPE pueden contribuir adoptando medidas como la reducción de desperdicios, la eficiencia energética y la adopción de energías limpias. Aunque el camino hacia la sostenibilidad puede parecer desafiante, puede llevar a una reducción de costos a largo plazo y a una mejor reputación de marca.

La responsabilidad social empresarial (RSE) es otro aspecto clave. Las MYPE pueden desempeñar un papel importante en sus comunidades locales al involucrarse en actividades benéficas, programas de voluntariado corporativo o incluso apoyar causas sociales. Esto no solo mejora la imagen de la empresa, sino que también fortalece los lazos con la comunidad y puede atraer a clientes que valoran la responsabilidad social.

Un componente vital de la sostenibilidad y la RSE es la ética empresarial. Mantener altos estándares éticos en todas las operaciones, desde la toma de decisiones hasta las relaciones con los empleados y los proveedores, es esencial para construir una base sólida para la responsabilidad empresarial.

El papel importante que desempeña la gobernanza corporativa, donde se pueden establecer estructuras de liderazgo efectivas y transparentes no solo mejora la toma de decisiones, sino que también contribuye a la confianza de los *stakeholders*, incluidos los inversores y los clientes.

Para evaluar el impacto de estas prácticas, las MYPE pueden utilizar métricas y herramientas específicas de sostenibilidad, como informes de sostenibilidad y auditorías sociales. Esto permite una medición precisa y un seguimiento de su progreso hacia objetivos sostenibles.

La responsabilidad empresarial y la sostenibilidad no solo son un imperativo ético en la actualidad, sino que también pueden ser motores de crecimiento a largo plazo. Al abrazar estos principios, las MYPE contribuyen y aportar bienestar a la sociedad y, al mismo tiempo, fortalecer su posición en el mercado y asegurar un futuro más sostenible para todos.

La sostenibilidad empresarial es un concepto que va más allá de simplemente generar ganancias económicas. Se refiere a la capacidad de una empresa para operar y crecer de manera que tenga un impacto positivo en el entorno social y ambiental en el que se encuentra. En otras palabras, implica la gestión consciente de los recursos y las prácticas comerciales de una empresa para minimizar cualquier efecto negativo en la sociedad y el medio ambiente, al tiempo que contribuye al bienestar de ambos.

Este enfoque no es una mera tendencia, sino una respuesta necesaria a los desafíos actuales que enfrenta la humanidad. La creciente conciencia sobre el cambio climático, la pérdida de biodiversidad y otros problemas ambientales ha llevado a un llamado urgente a la acción en todos los sectores, incluido el empresarial. Las empresas, sin importar su tamaño, desempeñan un papel crítico en la creación de un mundo más sostenible.

Asimismo, no es solo una cuestión de ética, sino también de supervivencia y prosperidad a largo plazo. Las empresas que pueden adaptarse y operar de manera sostenible están mejor posicionadas para enfrentar los desafíos futuros, como la escasez de recursos naturales y la creciente demanda de prácticas comerciales responsables por parte de los consumidores y los inversores.

Hoy en día, las empresas, incluidas las MYPE, están siendo evaluadas no solo por sus ganancias financieras, sino también por su impacto en la sociedad y el medio ambiente. Los consumidores y los inversores son cada vez más selectivos y prefieren hacer negocios con empresas que comparten sus valores de sostenibilidad y responsabilidad social.

Este cambio en la mentalidad del mercado ha llevado a un aumento en la demanda de prácticas comerciales sostenibles, lo que a su vez ha impulsado a las empresas a incorporar la sostenibilidad en su estrategia empresarial. Esto abarca desde la gestión responsable de la cadena de suministro hasta la adopción de prácticas comerciales más eficientes desde el punto de vista energético y la inversión en tecnologías limpias.

Se define entonces a la sostenibilidad empresarial como un concepto integral que aborda cómo las empresas, incluidas las MYPE, pueden operar de manera ética y responsable en un mundo en constante cambio. Comprender su definición y contexto es el primer paso para abrazar la sostenibilidad y aprovechar sus beneficios a largo plazo.

La adopción de prácticas sostenibles por parte de las MYPE puede generar una serie de beneficios significativos, que van más allá de simplemente cumplir con los estándares ambientales y sociales. Estos beneficios pueden ser clave para el éxito y la longevidad de estas empresas en un mundo en constante cambio.

En primer lugar, la sostenibilidad puede mejorar la imagen de marca de una MYPE. A medida que los consumidores se vuelven más conscientes de los problemas ambientales y sociales, buscan empresas que compartan sus valores. Una empresa que demuestra su compromiso con prácticas sostenibles puede atraer y retener a clientes que valoran la responsabilidad social y ambiental.

Además de la mejora de la imagen de marca, la sostenibilidad también puede conducir a una mayor eficiencia operativa. Las prácticas sostenibles a menudo implican la optimización de procesos y la reducción del desperdicio de recursos, lo que puede resultar en ahorros significativos a largo plazo. Por ejemplo, la adopción de tecnologías más eficientes desde el punto de vista energético o la gestión responsable de la cadena de suministro pueden reducir los costos operativos y aumentar la rentabilidad.

La sostenibilidad también puede abrir nuevas oportunidades de mercado para las MYPE. A medida que los consumidores y las empresas buscan productos y servicios más sostenibles, las empresas que pueden ofrecer soluciones respetuosas con el medio ambiente pueden ganar una ventaja competitiva. Esto puede traducirse en un aumento de la demanda de productos y servicios, lo que a su vez puede impulsar el crecimiento y la expansión de la empresa.

Además, la sostenibilidad puede aumentar la lealtad del cliente. Los consumidores que perciben que una empresa se preocupa por cuestiones ambientales y sociales tienden a ser más leales a esa marca. Esto significa que los clientes pueden seguir comprando a una MYPE a lo largo del tiempo, lo que garantiza un flujo constante de ingresos.

Otro beneficio importante de la sostenibilidad es el acceso a financiamiento y recursos adicionales. Cada vez más, los inversores y las instituciones financieras están interesados en respaldar empresas que operan de manera sostenible. Esto puede traducirse en inversiones más fáciles de obtener y tasas de interés más favorables para el crecimiento empresarial.

Por último, la sostenibilidad puede fortalecer las relaciones con las partes interesadas, como los empleados y la comunidad local. Los empleados a menudo se sienten más motivados y comprometidos cuando trabajan para una empresa que valora la sostenibilidad. Además, las empresas que contribuyen positivamente a sus comunidades locales pueden ganar el apoyo y la cooperación de esas comunidades.

En definitiva, la adopción de prácticas sostenibles aporta una serie de beneficios a las MYPE, que van desde la mejora de la imagen de marca y la eficiencia operativa hasta el acceso a nuevos mercados y recursos adicionales. Estos beneficios pueden ser fundamentales para el éxito y la sostenibilidad a largo plazo de estas empresas.

La reducción de la huella ambiental se ha convertido en una preocupación cada vez más relevante para las MYPE en todo el mundo. A medida que la conciencia sobre el cambio climático y la degradación ambiental continúa creciendo, las empresas de todos los tamaños se enfrentan a la presión de minimizar su impacto en el medio ambiente. Aquí, discutiremos cómo las MYPE pueden tomar medidas efectivas para reducir su huella ambiental.

En primer lugar, la gestión de residuos es un aspecto fundamental para la reducción de la huella ambiental. Las MYPE pueden adoptar prácticas de gestión de residuos que incluyan la reducción, reutilización y reciclaje de materiales. Esto no solo reduce la cantidad de desechos que van a vertederos, sino que también puede generar ahorros en costos de eliminación de residuos.

Un área clave es la eficiencia energética. Las MYPE pueden llevar a cabo auditorías energéticas para identificar formas de reducir su consumo de energía, como la actualización de equipos obsoletos, la mejora de la aislación en sus instalaciones y la implementación de sistemas de iluminación y calefacción más eficientes.

Otra de las acciones que implican una mejora dentro de las MYPE es la adopción de fuentes de energía más limpia. Esto incluye la instalación de paneles solares o la compra de energía renovable a través de proveedores locales o programas de energía verde. Reducir la dependencia de combustibles fósiles contribuye significativamente a la reducción de la huella de carbono de una empresa.

Para las MYPE que operan con vehículos o flotas, la elección de movilidades sostenibles es un factor importante que definitivamente reduce las emisiones que se pueden generar a través del transporte. Vehículos eléctricos o híbridos, o la promoción de prácticas de trabajo remoto y viajes compartidos, contribuyen al cuidado del medio ambiente.

La inversión en tecnologías verdes también puede ser beneficiosa. Esto puede incluir la compra de equipos más eficientes desde el punto de vista energético o la implementación de sistemas de gestión inteligente que optimicen el uso de recursos.

Por último, la educación y el compromiso de los empleados son esenciales. Las MYPE pueden fomentar una cultura de sostenibilidad entre su personal, alentando prácticas responsables en el lugar de trabajo y brindando capacitación sobre cómo reducir su impacto ambiental en el trabajo y en casa.

Por todo lo acontecido, la reducción de la huella ambiental es un objetivo alcanzable para las MYPE mediante la gestión de residuos, la eficiencia energética, la adopción de energías más limpias, la promoción de la movilidad sostenible, la inversión en tecnologías verdes y el compromiso de los empleados. Estas medidas no solo benefician al medio ambiente, sino que también pueden generar ahorros y mejorar la reputación de la empresa.

La RSE se ha convertido en un aspecto clave para las MYPE que desean contribuir positivamente a la sociedad mientras mantienen operaciones sostenibles. La RSE se refiere al compromiso voluntario de las empresas para ir más allá de los requisitos legales y éticos básicos, y tomar medidas que beneficien a la comunidad, el medio ambiente y sus propios empleados. A continuación, exploraremos cómo las MYPE pueden implementar la RSE de manera efectiva.

Los programas de voluntariado corporativo son una forma efectiva en la que las MYPE pueden contribuir a la sociedad. Esto implica permitir que los empleados dediquen tiempo en su horario laboral para participar en actividades de voluntariado en la comunidad. Por ejemplo, una MYPE podría alentar a sus empleados a participar en limpiezas locales, programas de tutoría para jóvenes o proyectos de reforestación. Estos programas no solo benefician a las comunidades locales, sino que también fortalecen la moral de los empleados y mejoran la imagen de la empresa.

Otra forma importante en que las MYPE pueden contribuir a la sociedad es establecer políticas de donaciones a organizaciones benéficas. Esto podría incluir contribuciones financieras directas a organizaciones sin fines de lucro que trabajan en áreas como la educación, la salud o la erradicación de la pobreza en la comunidad. Las MYPE pueden establecer asociaciones a largo plazo con estas organizaciones y contribuir regularmente para tener un impacto sostenible en la sociedad.

La implementación de prácticas comerciales éticas y sostenibles también es parte integral de la RSE. Las MYPE pueden adoptar políticas que promuevan la igualdad de género, la diversidad y la inclusión en el lugar de trabajo. Además, pueden comprometerse a utilizar prácticas comerciales sostenibles, como la reducción de residuos y la compra de productos ecológicos o locales siempre que sea posible.

La transparencia en la comunicación es fundamental para la RSE. Las MYPE deben ser honestas sobre sus iniciativas y resultados en términos de RSE. Esto implica proporcionar informes claros sobre las actividades de RSE, los impactos positivos y los desafíos que enfrentan.

El compromiso con los proveedores locales es otra forma en que las MYPE pueden ejercer su RSE. Al elegir proveedores locales siempre que sea posible, las empresas pueden contribuir al crecimiento económico de su comunidad y reducir la huella ambiental asociada con el transporte de bienes.

Por último, la educación y el empoderamiento de los empleados son esenciales para que la RSE tenga éxito. Las MYPE pueden ofrecer capacitación y recursos a sus empleados para que comprendan la importancia de la RSE y se involucren activamente en las iniciativas de la empresa.

Es importante tener en claro que la RSE es una forma efectiva en que las MYPE contribuyen positivamente a la sociedad y al mismo tiempo mejorar su imagen y operaciones. Los programas de voluntariado corporativo, las donaciones a organizaciones benéficas, las prácticas comerciales éticas, la transparencia en la comunicación, el compromiso con proveedores locales y la educación de los empleados son elementos clave de la RSE que pueden marcan un precedente y una diferencia significativa en la comunidad y en el éxito de la empresa.

Ahora desarrollar un concepto dogmático como la ética empresarial que es un rol importantísimo en la sostenibilidad y el éxito a largo plazo de las MYPE, parte no solo por el simple hecho de cumplir con regulaciones y leyes, sino de adoptar un conjunto de valores y principios que guíen todas las operaciones de la empresa. A continuación, examinaremos la importancia de la ética empresarial y cómo las MYPE realizan un trabajo exhaustivo a fin de mantener altos estándares éticos en todas sus actividades.

La ética empresarial se relaciona directamente con la construcción de una reputación sólida y confiable en el mercado. Las empresas que operan de manera ética tienden a ganar la confianza de los clientes, proveedores y socios comerciales. Esta confianza es un activo valioso, ya que puede traducirse en relaciones comerciales duraderas y lealtad del cliente. Las MYPE que mantienen altos estándares éticos son percibidas como más dignas de confianza y, en última instancia, tienen una ventaja competitiva en su industria.

El proceso de gestión de riesgo es otro de los aspectos que se vinculan directamente con la ética empresarial. Cuando una organización opera de manera ética, tiende a evitar prácticas riesgosas o ilegales que podrían dar lugar a problemas legales o dañar la reputación. Esto puede proteger a la MYPE de litigios costosos, multas regulatorias y daño a su marca. En cambio, una empresa que sigue principios éticos está mejor posicionada para identificar y mitigar riesgos antes de que se conviertan en problemas graves.

La RSE es un componente importante de la ética empresarial. Las MYPE pueden contribuir positivamente a la sociedad a través de sus actividades comerciales y esfuerzos de RSE. Esto puede incluir la adopción de prácticas sostenibles, la inversión en la comunidad local y el compromiso con la igualdad y la diversidad en el lugar de trabajo. Al hacerlo, las MYPE no solo mejoran su imagen y reputación, sino que también contribuyen al bienestar de la sociedad en general.

La ética empresarial también se refleja en la forma en que una MYPE trata a sus empleados. El trato ético a los empleados implica proporcionar salarios justos, condiciones de trabajo seguras y oportunidades de desarrollo profesional. Las empresas que valoran a sus empleados y les tratan con respeto tienden a tener una fuerza laboral más comprometida y productiva.

En un mundo cada vez más conectado, la ética empresarial también se relaciona con la transparencia y la responsabilidad. Las MYPE deben ser transparentes en su comunicación con los clientes, proveedores y otras partes interesadas. Esto incluye proporcionar información precisa sobre productos o servicios, políticas de privacidad claras y honestidad en la publicidad y el *marketing*.

Cuando desarrollamos o nos encontramos inmersos en este proceso de creación, es importante tener muy claro que la ética empresarial no es estática; evoluciona con el tiempo y se adapta a las cambiantes expectativas sociales y medioambientales. Las MYPE deben estar dispuestas a revisar y ajustar sus políticas y prácticas éticas a medida que surgen nuevos desafíos y oportunidades en el mundo empresarial.

La ética empresarial desempeña un papel vital en la sostenibilidad y el éxito a largo plazo de las MYPE. Adoptar altos estándares éticos no solo beneficia la reputación de la empresa, sino que también reduce riesgos, contribuye a la comunidad, mejora las relaciones laborales y promueve la transparencia. Mantener la ética empresarial como un principio rector es esencial para el crecimiento y la prosperidad continuos de las MYPE en un entorno empresarial competitivo y en constante evolución.

Otro aspecto clave de la sostenibilidad empresarial es la gobernanza corporativa, la implicancia que desempeña en el funcionamiento de las MYPE es trascendental. Es importante determinar y diseñar estructuras de liderazgo efectivas y transparentes para garantizar su sostenibilidad y éxito a largo plazo.

En esencia, la gobernanza corporativa se refiere al conjunto de políticas, procesos y prácticas a través de las cuales una empresa es dirigida y controlada. Esto incluye la toma de decisiones estratégicas, la supervisión de la administración y la rendición de cuentas a las partes interesadas, como accionistas, empleados, clientes y la comunidad en general. Para las MYPE, la gobernanza efectiva es esencial, ya que contribuye a la transparencia, la responsabilidad y la gestión adecuada de recursos.

Una de las principales dimensiones de la gobernanza corporativa es la estructura de liderazgo. Las MYPE deben definir claramente quiénes son los responsables de tomar decisiones y supervisar las operaciones diarias. Esto puede incluir la identificación de propietarios, directores, gerentes y otros líderes clave. Es importante que estas estructuras de liderazgo estén bien definidas y que las responsabilidades de cada posición se comuniquen de manera efectiva a todos los empleados.

La transparencia es otro aspecto esencial de la gobernanza corporativa. Las MYPE deben ser transparentes en su toma de decisiones y comunicación con todas las partes interesadas. Esto incluye proporcionar información financiera precisa y accesible, así como informar sobre prácticas éticas y sostenibles. La transparencia genera confianza tanto dentro como fuera de la organización y ayuda a mitigar riesgos.

El cimiento principal de la gobernanza corporativa es La rendición de cuentas. Es misión de Las MYPE establecer mecanismos que permitan a las partes interesadas evaluar el desempeño de la empresa y exigir responsabilidad cuando sea necesario. Esto puede implicar la presentación de informes regulares a los accionistas, la implementación de auditorías internas y externas y la respuesta adecuada a retroalimentación y preocupaciones de los clientes o empleados.

Nuevamente en este punto es importante mencionar a la gestión de riesgos y su estrecho vínculo con la gobernanza corporativa. Identificar y gestionar proactivamente los riesgos que enfrentan, ya sean financieros, operativos, legales o de otro tipo, conlleva a la implementación de políticas y procesos para mitigar riesgos, así como la planificación de contingencias en caso de que surjan problemas inesperados.

Tenemos en claro que la gobernanza corporativa es un componente esencial de la sostenibilidad empresarial para las MYPE. Implica establecer estructuras de liderazgo efectivas, promover la transparencia, fomentar la rendición de cuentas y gestionar riesgos de manera proactiva. Al adoptar principios sólidos de gobernanza corporativa, las MYPE pueden fortalecer su posición en el mercado y asegurar su éxito a largo plazo, al tiempo que contribuyen de manera positiva a la sociedad y el medio ambiente.

Con el objetivo de evaluar el éxito y efectividad de las puestas en marcha con respecto a las practicas sostenibles y la responsabilidad social. La medición del impacto es fundamental para para dicha evaluación por parte de las MYPE.

Una de las métricas clave en la medición del impacto de las prácticas sostenibles es la reducción de la huella ambiental. Esto implica cuantificar la disminución de emisiones de gases de efecto invernadero, la reducción en el consumo de recursos naturales como agua y energía, y la disminución de la producción de residuos. Las MYPE pueden utilizar herramientas de seguimiento y medición ambiental para evaluar su progreso en la reducción de su impacto ambiental.

Además del impacto ambiental, las MYPE deben evaluar el impacto social de sus prácticas sostenibles y RSE. Esto incluye medir el impacto en las comunidades locales, como la creación de empleo, el apoyo a organizaciones benéficas locales y el desarrollo de programas de voluntariado corporativo. Las métricas relacionadas con la inversión en la comunidad y el bienestar de los empleados pueden ser esenciales en este contexto.

Los informes de sostenibilidad son una herramienta valiosa para comunicar el impacto de las prácticas sostenibles y la RSE tanto a nivel interno como externo. Estos informes proporcionan una visión integral de las acciones y logros de la empresa en términos de sostenibilidad y responsabilidad social. Además, los informes de sostenibilidad pueden seguir directrices y estándares reconocidos internacionalmente, como los Principios de GRI (Global Reporting Initiative), lo que aumenta la credibilidad de la información proporcionada.

Las auditorías sociales son otro componente importante de la medición del impacto. Estas auditorías permiten una evaluación independiente de las prácticas y políticas de RSE de una MYPE. Un auditor social examinará cómo la empresa cumple con sus compromisos éticos y sociales, identificando áreas de mejora y proporcionando recomendaciones para la acción.

La satisfacción del cliente también es una métrica relevante en la medición del impacto de la RSE. Los clientes están cada vez más interesados en apoyar a empresas que son social y ambientalmente responsables. La lealtad del cliente y la percepción positiva de la marca pueden ser indicadores del éxito de las iniciativas de RSE de una MYPE.

Por último, es importante destacar que la medición del impacto debe ser un proceso continuo y adaptable. Las MYPE deben revisar y ajustar regularmente sus métricas y objetivos a medida que evolucionan sus prácticas sostenibles y de RSE. Esto garantiza que las iniciativas se mantengan relevantes y efectivas a lo largo del tiempo.

Se puede definir entonces a la medición del impacto de las prácticas sostenibles y la RSE como aspectos esenciales para la evaluación de su éxito y efectividad. Esto implica la cuantificación de la reducción de la huella ambiental, la evaluación del impacto social, el uso de informes de sostenibilidad y auditorías sociales, y la consideración de la satisfacción del cliente. Al implementar un sistema efectivo de medición del impacto, las MYPE pueden demostrar su compromiso con la sostenibilidad y la responsabilidad social, generando valor a largo plazo tanto para la empresa como para la sociedad en general.

El cumplimiento de las normativas y regulaciones en relación con la sostenibilidad es una parte fundamental de la gestión responsable de las MYPE. Estas regulaciones están diseñadas para garantizar que las empresas operen de manera ética y minimicen su impacto negativo en el medio ambiente y la sociedad. En esta sección, exploraremos las regulaciones y estándares más relevantes que las MYPE deben considerar y cómo pueden cumplir con ellos de manera efectiva.

Una de las regulaciones más importantes relacionadas con la sostenibilidad es la gestión de residuos. Las MYPE deben cumplir con las normativas locales y nacionales que rigen la clasificación, el manejo y la disposición adecuada de los residuos. Esto incluye la separación de residuos reciclables, la gestión de residuos peligrosos y la promoción de prácticas de reciclaje dentro de la empresa. Cumplir con estas regulaciones no solo es legalmente obligatorio, sino que también contribuye a reducir la huella ambiental de la empresa.

Otro aspecto crítico es el cumplimiento de las normativas de eficiencia energética. Dependiendo de la ubicación y el sector de la MYPE, es posible que existan regulaciones específicas que requieran la adopción de medidas para reducir el consumo de energía. Esto podría incluir la actualización de sistemas de iluminación, calefacción y refrigeración para que sean más eficientes desde el punto de vista energético. Además, muchas regiones ofrecen incentivos fiscales o subvenciones para empresas que implementen medidas de eficiencia energética.

En cuanto a la gestión del agua, algunas áreas tienen regulaciones estrictas sobre el uso sostenible del agua. Las MYPE deben estar al tanto de estas regulaciones y trabajar para reducir su consumo de agua siempre que sea posible. Esto podría implicar la instalación de dispositivos de bajo flujo, la reutilización del agua en procesos internos o la inversión en tecnologías que reduzcan el desperdicio de agua.

La divulgación de información ambiental y social es otra área importante de cumplimiento regulatorio. Algunas jurisdicciones exigen que las empresas informen sobre su desempeño en términos de sostenibilidad y RSE. Esto puede incluir la publicación de informes de sostenibilidad, que detallan los logros y objetivos de la empresa en estas áreas. Cumplir con estas regulaciones no solo es una obligación legal, sino que también contribuye a la transparencia y la confianza del público en la empresa.

Además de las regulaciones específicas, las MYPE también deben considerar los estándares voluntarios y las mejores prácticas en sostenibilidad y RSE. La adopción de estándares reconocidos internacionalmente, como las Normas ISO 14001 para la gestión ambiental o los Principios del Pacto Global de las Naciones Unidas, puede ayudar a las MYPE a establecer un marco sólido para sus iniciativas de sostenibilidad y RSE.

Por todo lo acontecido, es fundamental llevar a cabo con el cumplimiento de las normativas y regulaciones en relación con la sostenibilidad es esencial para que las MYPE operen de manera ética y sostenible. Esto abarca aspectos como la gestión de residuos, la eficiencia energética, la gestión del agua y la divulgación de información ambiental y social. Cumplir con estas regulaciones no solo es un deber legal, sino que también refuerza la reputación de la empresa y su compromiso con la responsabilidad empresarial.

El desarrollo y la implementación de una estrategia de sostenibilidad a largo plazo es esencial para que las MYPE integren de manera efectiva las prácticas sostenibles en todas sus operaciones y toma de decisiones. Esta estrategia no solo se centra en el presente, sino que también considera cómo las acciones actuales afectarán al negocio y al entorno en el futuro. Aquí, destacaremos la importancia de la planificación estratégica a largo plazo en la sostenibilidad empresarial y cómo las MYPE pueden incorporar consideraciones sostenibles en su estrategia general.

La sostenibilidad empresarial no se trata solo de cumplir con regulaciones o implementar prácticas sostenibles de manera reactiva. Es necesario establecer una visión a largo plazo que defina los valores y objetivos sostenibles de la empresa. Esta visión debe ser coherente con la misión de la empresa y tener en cuenta cómo se traducirá en acciones concretas.

No debe ser vista a la sostenibilidad como un aspecto separado de la estrategia empresarial, sino como un componente integral. Esto implica que las consideraciones sostenibles se incorporen en todas las etapas del ciclo de planificación estratégica, desde la formulación de objetivos hasta la implementación y el seguimiento.

Es clave llevar a cabo un análisis detallado de cómo las operaciones que realizan las MYPE afectan al medio ambiente y a la sociedad. Esto implica evaluar el ciclo de vida de los productos o servicios, identificar posibles impactos negativos y buscar oportunidades de mejora.

Se debe de fomentar la innovación e incluirla en nuestra estrategia de sostenibilidad en función de los productos, procesos y modelos de negocio. Es un reto para las MYPE buscar de manera constante, formas de reducir su huella ambiental, mejorar la eficiencia y ofrecer soluciones sostenibles que satisfagan las necesidades de los clientes.

Los colaboradores desempeñan un papel fundamental en la ejecución de una estrategia de sostenibilidad. Las MYPE pueden involucrar a sus empleados en la identificación de prácticas sostenibles y fomentar una cultura corporativa que promueva la responsabilidad ambiental y social.

Para evaluar el progreso hacia los objetivos de sostenibilidad a largo plazo, es esencial establecer indicadores clave de rendimiento (KPI) y sistemas de seguimiento. Estos KPI deben ser específicos, medibles y alineados con los objetivos sostenibles de la empresa.

En cuanto a la comunicación transparente, las MYPE deben ser bastante claros al momento de comunicar sus esfuerzos y logros en la búsqueda de sostenibilidad. La comunicación efectiva con los *stakeholders*, como clientes, proveedores y la comunidad local, es fundamental para construir confianza y credibilidad.

Una estrategia de sostenibilidad a largo plazo no es estática. Debe ser revisada y ajustada periódicamente para mantener su relevancia y efectividad a medida que cambian las circunstancias internas y externas de la empresa.

Para finalizar y cerrar este capítulo es importante tener en claro que una estrategia de sostenibilidad a largo plazo implica un compromiso continuo con la responsabilidad empresarial y la incorporación de prácticas sostenibles en todas las áreas de la empresa. Esto no solo contribuye al bienestar del planeta y la sociedad, sino que también puede generar beneficios a largo plazo, como la mejora de la reputación, la reducción de costos y la satisfacción del cliente.

Capítulo 10

Liderazgo inspirador y desarrollo del talento: el corazón de una MYPE exitosa

En este último capítulo exploraremos el tema fundamental del liderazgo inspirador y el desarrollo del talento en el contexto de las MYPE. Abordaremos varios puntos clave que ayudarán a comprender cómo estos aspectos son el corazón de una MYPE exitosa.

El liderazgo inspirador es un componente clave para el éxito de una MYPE. Los líderes deben servir como modelos a seguir, no solo en términos de logros comerciales, sino también en valores y ética. Cuando los líderes encarnan la visión y los valores de la empresa, inspiran a los empleados a seguir su ejemplo y a comprometerse con los objetivos de la organización. Esto no solo fortalece la cohesión interna, sino que también se refleja en la forma en que la empresa se relaciona con los clientes y socios comerciales.

Una cultura de crecimiento es esencial para el desarrollo sostenible de una MYPE. Los líderes tienen que buscar la promoción constante de un entorno donde el aprendizaje continuo sea valorado y alentado. Esto puede incluir proporcionar oportunidades de capacitación y desarrollo, fomentar la resolución de problemas creativos y apoyar la innovación. Cuando los empleados sienten que están creciendo y desarrollándose en sus roles, es más probable que se mantengan comprometidos y motivados.

Identificar y nutrir el talento interno es una estrategia valiosa para las MYPE. Los líderes deben estar atentos a las habilidades y capacidades únicas de sus empleados y brindarles oportunidades para crecer y asumir roles de mayor responsabilidad. Esto no solo ayuda a retener el talento valioso, sino que también puede impulsar la productividad y la eficiencia dentro de la empresa.

La formación continua es esencial en un mundo empresarial en constante evolución. Los líderes deben reconocer la importancia de mantenerse actualizados y fomentar un ambiente donde el aprendizaje sea una prioridad. Esto incluye la inversión en programas de formación y desarrollo, así como el fomento de la educación continua de los empleados. Una fuerza laboral bien informada y capacitada es un activo valioso para cualquier MYPE.

El liderazgo efectivo es fundamental para guiar a una MYPE hacia el éxito sostenible. Los líderes deben ser comunicadores sólidos, tomar decisiones informadas y ser capaces de adaptarse a situaciones cambiantes. Además, deben ser capaces de inspirar y motivar a sus equipos, fomentando un sentido de propósito compartido y un compromiso con los objetivos de la empresa.

Al cultivar una cultura de crecimiento es importante tener en cuenta como pilares fundamentales al liderazgo inspirador y al desarrollo del talento, ya que estos son los cimientos para poder identificar y nutrir el talento interno, invertir en formación continua y ejercer un liderazgo efectivo, De esta manera, las MYPE fortalecen su posición en el mercado y buscan mantenerse en la senda del crecimiento sostenible.

El liderazgo desempeña un papel fundamental en el funcionamiento de una MYPE. Los líderes no solo establecen la dirección estratégica de la organización, sino que también influyen en la cultura y el ambiente de trabajo. En una MYPE, donde las estructuras suelen ser más planas y los equipos más pequeños, el liderazgo individual puede tener un impacto aún más significativo.

La manera eficiente de establecer el tono para la creación de una cultura organizacional es a través del liderazgo efectivo. Los líderes definen los valores, la ética y la visión de la empresa, lo que a su vez guía el comportamiento de los empleados. Cuando los líderes demuestran un compromiso sólido con estos principios, inspiran a los demás a hacer lo mismo. Por lo tanto, es esencial que los líderes de una MYPE encarnen los valores que desean ver arraigados en toda la organización.

Además de establecer la cultura, los líderes son responsables de la toma de decisiones estratégicas. En una MYPE, las decisiones a menudo se toman de manera más ágil y rápida que en las grandes corporaciones, lo que significa que la influencia del liderazgo es más directa. Los líderes deben ser capaces de evaluar situaciones, considerar diferentes opciones y tomar decisiones informadas que beneficien a la empresa a largo plazo.

El liderazgo también desempeña un papel clave en la motivación y el compromiso de los empleados. Cuando los líderes son inspiradores y demuestran confianza en su equipo, los empleados tienden a sentirse más comprometidos y dispuestos a dar lo mejor de sí mismos. Esto es especialmente importante en una MYPE, donde cada miembro del equipo desempeña un papel esencial en el éxito de la empresa.

Para una MYPE, la comunicación efectiva es esencial, y el liderazgo desempeña un papel fundamental en esta área. Los líderes deben ser comunicadores hábiles, capaces de transmitir información de manera clara y mantener a todos los miembros del equipo informados sobre los objetivos, los cambios y las expectativas. Una comunicación abierta y transparente puede ayudar a evitar malentendidos y promover la colaboración.

Es fundamental el impulso que da el liderazgo efectivo al desarrollo y crecimiento de la empresa. Los líderes deben ser visionarios y estar dispuestos a explorar nuevas oportunidades. Esto puede significar identificar nichos de mercado no explotados, expandirse a nuevas ubicaciones o diversificar la oferta de productos o servicios. El liderazgo audaz y emprendedor puede marcar la diferencia en el éxito a largo plazo de una MYPE.

Definitivamente es un factor crítico dentro de una MYPE y que va a influir en la cultura, la toma de decisiones, la motivación de los empleados, la comunicación y el crecimiento de la empresa. Los líderes efectivos son capaces de establecer un ejemplo sólido, tomar decisiones estratégicas informadas y guiar a la organización hacia el éxito en un entorno empresarial dinámico y competitivo.

La identificación y el aprovechamiento del talento interno son aspectos cruciales para el éxito de una MYPE. A menudo, las MYPE operan con equipos reducidos, lo que hace que cada miembro del personal sea valioso y su potencial sea fundamental para el crecimiento de la empresa. Aquí exploraremos estrategias efectivas para identificar y cultivar el talento interno en una MYPE.

Una estrategia poderosa para el desarrollo del talento es la promoción interna. Cuando se presenta una oportunidad de liderazgo o crecimiento en la organización, mirar primero dentro de la empresa puede ser beneficioso. Los líderes deben evaluar a los empleados actuales en busca de habilidades, compromiso y potencial de liderazgo. Fomentar un ambiente donde la promoción interna se considere una práctica valiosa puede motivar a los empleados a esforzarse y crecer en sus roles actuales.

El reconocimiento de habilidades y logros es otra forma de identificar y nutrir el talento interno. Los líderes deben estar atentos a los éxitos y contribuciones de los empleados y asegurarse de que se les reconozca adecuadamente. Esto no solo mejora la moral y la satisfacción laboral, sino que también permite a los líderes identificar a aquellos empleados que sobresalen en áreas específicas. Estos empleados pueden ser luego asignados a proyectos clave o programas de capacitación para desarrollar aún más sus habilidades.

Fomentar un ambiente donde el aprendizaje y el desarrollo sean prioritarios es esencial. Esto puede incluir la provisión de oportunidades de capacitación y desarrollo en el trabajo, acceso a recursos de aprendizaje y la promoción de la educación continua. Cuando los empleados sienten que la empresa está comprometida con su crecimiento profesional, es más probable que estén dispuestos a invertir tiempo y esfuerzo en desarrollar sus habilidades y contribuir al éxito de la empresa.

La comunicación abierta y el diálogo regular con los empleados son herramientas vitales para identificar talento interno. Los líderes deben estar dispuestos a escuchar las aspiraciones y metas de sus empleados. Al hacerlo, pueden descubrir talentos latentes o deseos de asumir roles más desafiantes dentro de la organización. Además, el *feedback* constante permite a los líderes ayudar a los empleados a identificar áreas de mejora y brindarles orientación sobre cómo avanzar en sus carreras.

El establecimiento de un sistema de mentoría puede ser beneficioso para el desarrollo del talento interno. Emparejar empleados con experiencia y conocimiento con aquellos que buscan aprender y crecer puede acelerar el desarrollo de habilidades y conocimientos. Los mentores pueden proporcionar una guía valiosa, compartir sus experiencias y ayudar a los empleados más jóvenes a navegar por los desafíos profesionales.

Poder incentivar el desarrollo del talento interno no solo beneficia a los empleados, sino que también fortalece a la empresa en su conjunto. Identificar, nutrir y retener el talento interno es una estrategia sólida para el crecimiento sostenible de una MYPE, ya que reduce los costos de contratación y fomenta una cultura de aprendizaje y desarrollo que puede impulsar la innovación y el éxito a largo plazo.

El desarrollo de habilidades y la formación continua son elementos fundamentales en el crecimiento y el éxito sostenible de una MYPE. En un mundo empresarial en constante evolución, invertir en el crecimiento y la capacitación de los líderes y empleados es esencial para mantenerse competitivo y fomentar la innovación. Es por ello, la importancia de la formación continua y el desarrollo de habilidades tanto para los líderes como para los empleados de una MYPE.

Para los líderes de MYPE, la formación continua es esencial para mantenerse actualizados en las últimas tendencias y mejores prácticas en gestión y liderazgo. Participar en programas de desarrollo ejecutivo, asistir a conferencias o seminarios, y buscar oportunidades de mentoría son formas efectivas de mejorar sus habilidades de liderazgo. Esto no solo beneficia a los líderes individualmente, sino que también permite a la empresa adaptarse a un entorno empresarial en constante cambio.

Por otro lado, el desarrollo de habilidades para los empleados de una MYPE es igualmente importante. Proporcionar oportunidades de formación y capacitación no solo les ayuda a mejorar sus habilidades y conocimientos, sino que también los motiva al mostrar un compromiso con su crecimiento profesional. Esto puede llevar a una mayor retención de empleados y un equipo más calificado y competente.

La capacitación y el desarrollo de habilidades también son vitales para la innovación en una MYPE. A medida que los empleados adquieren nuevas habilidades y conocimientos, pueden aportar ideas frescas y soluciones innovadoras a los desafíos comerciales. La cultura de aprendizaje y desarrollo fomenta la creatividad y la resolución de problemas, lo que puede dar lugar a nuevas oportunidades de negocio y ventajas competitivas.

Además, la formación continua puede mejorar la calidad de los productos o servicios ofrecidos por una MYPE. Los empleados que están al tanto de las últimas tendencias y tecnologías pueden ofrecer un mejor servicio al cliente y contribuir al crecimiento y éxito de la empresa. Esto es especialmente importante en industrias donde la tecnología y las prácticas comerciales cambian rápidamente.

Es fundamental que las MYPE vean la formación continua y el desarrollo de habilidades como una inversión en lugar de un gasto. Aunque puede requerir tiempo y recursos, los beneficios a largo plazo son significativos. Los empleados más competentes y comprometidos pueden contribuir al crecimiento de la empresa y ayudar a superar los desafíos que surgen en un mercado en constante cambio. Además, una fuerza laboral bien capacitada puede ser un activo valioso que distinga a una MYPE en su industria y fomente la lealtad del cliente.

La implicancia tanto para los líderes como para los empleados, la formación continua y el desarrollo de habilidades son claves en una MYPE. Estas prácticas no solo mejoran la calidad de liderazgo y el rendimiento del personal, sino que también impulsan la innovación, la competitividad y el éxito sostenible en un entorno empresarial en constante evolución.

Otra implicancia importante es la gestión del cambio, la cual representa un desafío constante en el mundo empresarial, especialmente en MYPE que pueden estar experimentando transformaciones importantes. En este contexto, el liderazgo inspirador desempeña un papel crucial para guiar a la empresa a través de estos procesos de cambio de manera efectiva y positiva.

Es importante que el líder establezca una visión clara del cambio y comunique esta visión a todo el equipo. La comunicación efectiva es esencial para alinear a los empleados con los objetivos del cambio y motivarlos para participar activamente en el proceso. Un líder inspirador puede transmitir la importancia del cambio y cómo este contribuirá al crecimiento y éxito continuo de la MYPE.

Asimismo, debe demostrar un compromiso genuino con el cambio. Esto implica estar dispuesto a liderar con el ejemplo y ser un defensor activo de las nuevas prácticas o tecnologías que se están implementando. Cuando los empleados ven que su líder está comprometido y entusiasmado con el cambio, es más probable que se sientan inspirados a seguir su liderazgo.

La empatía es otra habilidad crucial en la gestión del cambio. Los líderes inspiradores deben comprender las preocupaciones y ansiedades de los empleados durante períodos de cambio. Ofrecer un oído comprensivo y soluciones efectivas para abordar estas preocupaciones puede ayudar a reducir la resistencia al cambio y fomentar una transición más suave.

Un líder inspirador también debe ser capaz de reconocer y recompensar los logros y esfuerzos de los empleados durante el proceso de cambio. El reconocimiento y la gratitud pueden ser poderosos impulsores de la motivación y el compromiso. Cuando los empleados sienten que su contribución es valorada, es más probable que se involucren de manera positiva en el cambio.

La adaptabilidad es otra cualidad importante en la gestión del cambio. Los líderes deben estar dispuestos a ajustar la estrategia y el enfoque a medida que surgen nuevos desafíos o se obtienen retroalimentaciones de los empleados. Ser flexible y abierto a la retroalimentación contribuye a un proceso de cambio más efectivo y exitoso.

Finalmente, un líder inspirador debe ser un agente de la resiliencia. Los cambios a menudo vienen con desafíos y obstáculos, y es fundamental mantener una actitud positiva y enfocada en la solución. Inspirar a los empleados a enfrentar desafíos con determinación y confianza puede marcar la diferencia en la capacidad de la MYPE para superar obstáculos y alcanzar sus metas de cambio.

Es fundamental tener en claro que el liderazgo inspirador desempeña un papel clave en la gestión del cambio en una MYPE. A través de la comunicación efectiva, el compromiso genuino, la empatía, el reconocimiento, la adaptabilidad y la resiliencia, los líderes pueden guiar a la empresa a través de transformaciones importantes con éxito y compromiso continuo por parte de su equipo.

En este punto abordaremos el tema de la retención de talento, la cual se considera un aspecto crítico para el éxito sostenible de una MYPE. En un mercado laboral competitivo, retener a empleados talentosos definitivamente marca la diferencia en la productividad y la continuidad de la empresa. Es importante desarrollar estrategias efectivas para retener a este talento y reducir la rotación de personal en las MYPE.

Ofrecer incentivos competitivos es el punto inicial y básico para retener a empleados talentosos. Esto incluye salarios competitivos, beneficios como seguros de salud y planes de jubilación, así como bonificaciones y recompensas por el desempeño excepcional. Los empleados que sienten que están siendo recompensados adecuadamente por su trabajo tienden a estar más comprometidos y satisfechos en sus roles.

Además de los incentivos financieros, el desarrollo profesional es una estrategia efectiva para retener talento. Las MYPE tienen que desarrollar políticas que les permita proporcionar oportunidades de capacitación y desarrollo a los empleados a fin de adquirir nuevas habilidades y avanzar en sus carreras dentro de la empresa. Esto no solo beneficia a los empleados, sino que también asegura que la empresa cuente con empleados altamente calificados y comprometidos.

Un entorno de trabajo saludable y positivo es fundamental para la retención de talento. Los líderes de MYPE deben crear una cultura que fomente el respeto, la colaboración y el bienestar de los empleados. Esto incluye promover un equilibrio adecuado entre el trabajo y la vida personal, proporcionar un ambiente de trabajo seguro y saludable, y fomentar la comunicación abierta y la retroalimentación constructiva.

La flexibilidad en el lugar de trabajo es otra estrategia que puede ayudar a retener el talento. Permitir horarios de trabajo flexibles o la opción de trabajar desde casa cuando sea posible puede ser especialmente atractivo para empleados que valoran el equilibrio entre el trabajo y la vida personal.

El reconocimiento y la valoración son componentes clave de la retención de talento. Los líderes de MYPE deben tomar el tiempo para reconocer y celebrar los logros y contribuciones de sus empleados. Esto puede ser a través de elogios públicos, premios o simplemente expresando gratitud de manera regular. Cuando los empleados se sienten valorados y apreciados, es más probable que permanezcan comprometidos con la empresa.

Finalmente, la comunicación abierta y la retroalimentación son fundamentales para la retención de talento. Los líderes deben estar dispuestos a escuchar las preocupaciones y sugerencias de sus empleados y tomar medidas para abordar cualquier problema. La retroalimentación regular sobre el desempeño y las oportunidades de mejora también son importantes para el crecimiento y desarrollo continuo de los empleados.

Retener a empleados talentosos en una MYPE implica una combinación de incentivos competitivos, desarrollo profesional, un entorno de trabajo saludable, flexibilidad, reconocimiento, comunicación abierta y retroalimentación. Al implementar estas estrategias, las MYPE pueden fortalecer su fuerza laboral y asegurar un mayor compromiso y continuidad en su equipo.

El fomento de la innovación es esencial para el éxito sostenible de una MYPE. Un liderazgo inspirador desempeña un papel crucial en la creación de un ambiente propicio para la innovación dentro de la organización. Aquí, examinaremos cómo los líderes pueden cultivar un entorno en el que la creatividad y las nuevas ideas prosperen.

Que los líderes estén abiertos a escuchar y valorar nuevas ideas, es fundamental. Esto implica crear una cultura en la que los empleados se sientan cómodos compartiendo sus pensamientos sin temor a la crítica o el rechazo. Un líder inspirador fomenta un ambiente en el que cada voz se escucha y se considera valiosa.

La comunicación efectiva es clave en este proceso. Los líderes deben estar dispuestos a mantener conversaciones abiertas con sus empleados, hacer preguntas y estar interesados en sus perspectivas. La retroalimentación constructiva y el diálogo abierto son herramientas poderosas para generar nuevas ideas y resolver problemas.

Otro aspecto importante es la asignación de tiempo y recursos para la innovación. Los líderes deben reconocer que la innovación no puede ocurrir si los empleados están constantemente abrumados por las tareas diarias. Deben proporcionar el espacio necesario para que los equipos dediquen tiempo a la exploración de nuevas soluciones y enfoques.

El reconocimiento y la recompensa de la innovación también son esenciales. Los líderes pueden establecer programas de recompensas que incentiven y reconozcan las contribuciones innovadoras de los empleados. Esto no solo motiva a los equipos a seguir buscando nuevas ideas, sino que también envía un mensaje claro de que la innovación es valorada y fundamental para el éxito de la empresa.

Tenemos que dejar en claro que el liderazgo inspirador no solo promueve la creatividad, sino que también modela la innovación a través de su propio comportamiento. Los líderes deben estar dispuestos a asumir riesgos calculados y probar nuevas ideas. Cuando los empleados ven a sus líderes dispuestos a tomar riesgos y aprender de los fracasos, se sienten más alentados a hacer lo mismo.

Finalmente, es importante establecer un proceso para la implementación de ideas innovadoras. Las ideas por sí solas no son suficientes; deben llevarse a la acción. Los líderes deben asegurarse de que haya un proceso claro para evaluar, desarrollar y poner en práctica las ideas que tienen el potencial de beneficiar a la empresa.

Por todo lo acontecido, podemos dejar en claro que el fomento de la innovación en una MYPE comienza con el liderazgo inspirador. Esto implica estar abierto a nuevas ideas, promover una comunicación efectiva, asignar tiempo y recursos, reconocer y recompensar la innovación, modelar el comportamiento innovador y establecer un proceso para la implementación. Al seguir estas prácticas, las MYPE pueden fomentar un ambiente en el que la innovación florezca y contribuya al éxito continuo de la empresa.

La mentoría y el *coaching* también son herramientas valiosas que pueden desempeñar un papel fundamental en el desarrollo del talento dentro de una MYPE. Estos programas brindan oportunidades para que los empleados alcancen su máximo potencial y contribuyan significativamente al éxito de la organización.

Una relación de aprendizaje en la que un empleado, a menudo menos experimentado, recibe orientación y consejos de alguien con más experiencia y conocimientos en la empresa, se lleva a cabo a través de la mentoría. Esta relación puede ser altamente beneficiosa tanto para el mentor como para el aprendiz. El mentor puede compartir su experiencia, brindar retroalimentación constructiva y ayudar al aprendiz a navegar por los desafíos específicos de la organización. Por otro lado, el aprendiz puede adquirir habilidades y conocimientos valiosos, acelerando su desarrollo profesional.

El *coaching*, por otro lado, se centra en el desarrollo personal y profesional de un empleado a través de conversaciones individualizadas y orientadas a objetivos. Un coach trabaja con el empleado para identificar áreas de mejora, establecer metas y proporcionar apoyo en su crecimiento. Esto puede incluir el desarrollo de habilidades específicas, la gestión del tiempo, la toma de decisiones y la resolución de problemas. El *coaching* es una forma efectiva de empoderar a los empleados y ayudarles a superar obstáculos en su camino hacia el éxito.

Para implementar programas efectivos de mentoría y *coaching* en una MYPE, es esencial que los líderes identifiquen a las personas adecuadas para desempeñar estos roles. Los mentores y *coaches* deben tener un profundo conocimiento de la empresa, así como la capacidad de comunicarse y guiar de manera efectiva. También es importante que estén comprometidos con el desarrollo de los empleados y dispuestos a invertir tiempo y esfuerzo en esta función.

Además, es fundamental establecer un marco claro para la mentoría y el *coaching*, que incluya objetivos medibles y un plan de acción definido. Esto ayuda a garantizar que estos programas sean efectivos y se alineen con los objetivos estratégicos de la empresa. Los empleados que participan en programas de mentoría y *coaching* deben entender claramente lo que se espera de ellos y cómo pueden aprovechar al máximo estas oportunidades de desarrollo.

La retroalimentación regular es esencial en ambos casos. Los mentores y *coaches* deben proporcionar comentarios constructivos y evaluaciones periódicas para ayudar a los empleados a mejorar continuamente. También es importante que los empleados tengan la confianza de compartir sus inquietudes y desafíos con sus mentores y *coaches*, lo que contribuye a un ambiente de aprendizaje abierto y colaborativo.

Definitivamente, el *coaching* y la mentoría son herramientas poderosas para el desarrollo del talento en una MYPE. Estos programas ofrecen orientación, apoyo y oportunidades de crecimiento tanto para los mentores como para los aprendices. Al implementar programas de mentoría y *coaching* efectivos y bien estructurados, las MYPE cultivan y retienen el talento valioso, lo que a su vez contribuye al éxito continuo de la organización.

La medición del éxito en el liderazgo y el desarrollo del talento es esencial para evaluar la efectividad de los esfuerzos de una MYPE en estas áreas críticas. Las MYPE pueden medir de manera efectiva el impacto de sus programas de liderazgo y desarrollo de talento.

Una de las formas más comunes de medir el éxito en el liderazgo es a través de la evaluación del desempeño. Esto implica el establecimiento de KPI específicos para evaluar el desempeño de los líderes y su capacidad para guiar a sus equipos hacia el logro de los objetivos. Los KPI pueden incluir métricas como la productividad del equipo, la satisfacción de los empleados, la retención de talento y el logro de metas estratégicas. Al rastrear y analizar estos KPI de manera regular, las MYPE pueden identificar áreas de mejora y tomar medidas correctivas cuando sea necesario.

Adicionalmente de las evaluaciones de rendimiento, las encuestas de satisfacción de empleados son una herramienta valiosa para medir el éxito del liderazgo y el desarrollo del talento. Estas encuestas permiten a los empleados expresar sus opiniones y proporcionar retroalimentación sobre la calidad del liderazgo en la organización. Las preguntas pueden abordar temas como la comunicación del liderazgo, la efectividad de la toma de decisiones y la capacidad de los líderes para inspirar y motivar a sus equipos. Los resultados de estas encuestas pueden ser una fuente invaluable de información para identificar áreas de mejora en el liderazgo y el desarrollo del talento.

Otra métrica importante es la retención de talento. Las MYPE pueden evaluar su éxito en el desarrollo del talento observando la tasa de rotación de empleados. Una alta rotación de personal puede indicar problemas en el liderazgo o la falta de oportunidades de desarrollo dentro de la empresa. Por otro lado, una baja rotación de personal sugiere que los empleados se sienten valorados, comprometidos y tienen oportunidades para crecer en sus roles.

Las métricas relacionadas con el desarrollo de habilidades y la capacitación también son cruciales. Las MYPE pueden medir el éxito en este aspecto a través de la evaluación del progreso de los empleados en la adquisición de nuevas habilidades o certificaciones relevantes. El seguimiento del cumplimiento de los programas de capacitación y el análisis de la aplicación de las habilidades recién adquiridas en el trabajo real pueden proporcionar información valiosa sobre el desarrollo de talento.

Un indicador clave también es la alineación entre los objetivos organizacionales y el desarrollo de talento. Las MYPE pueden evaluar si los programas de desarrollo de liderazgo y talento están contribuyendo de manera efectiva a la consecución de los objetivos estratégicos de la empresa. Esto implica analizar si los líderes están capacitados para liderar en áreas críticas para el éxito de la organización y si los empleados están adquiriendo habilidades que son relevantes para el negocio.

Medir el éxito en el liderazgo y el desarrollo del talento en una MYPE implica una combinación de evaluación del rendimiento, encuestas de satisfacción de empleados, retención de talento y métricas relacionadas con la capacitación y el desarrollo de habilidades. Estas métricas proporcionan información valiosa sobre cómo los esfuerzos de la empresa están contribuyendo al crecimiento y el éxito sostenible a largo plazo.

Llegar a este punto marca un hito significativo en nuestro viaje juntos. Hemos abordado desafíos y oportunidades, hemos profundizado en estrategias y tácticas, y hemos analizado cómo las decisiones informadas pueden dar forma al destino de una MYPE. A lo largo de estas páginas, hemos compartido conocimientos, hemos explorado perspectivas y hemos arrojado luz sobre áreas críticas para el crecimiento y la prosperidad de tu empresa.

Y ahora, en este capítulo final, consideramos clave la importancia de liderar con inspiración y desarrollar el talento dentro de una MYPE. Consideramos que estas son las cualidades que definen a una empresa verdaderamente exitosa. A través de estrategias efectivas de liderazgo, identificación de talento interno, desarrollo de habilidades, liderazgo efectivo, gestión del cambio, retención de talento, fomento de la innovación, mentoría y *coaching*, y la medición del éxito en estas áreas, exploraremos cómo puedes llevar a tu MYPE al siguiente nivel.

Mi principal objetivo ha sido proporcionarte información práctica y perspicaz que puedas aplicar en el mundo real. A medida que avanzamos hacia la conclusión, quiero enfatizar la importancia de la acción. El conocimiento es valioso, pero la acción es lo que verdaderamente transforma una MYPE. Te animo a tomar las ideas y estrategias que has encontrado aquí y aplicarlas en tu empresa. Cada pequeño paso puede acercarte más a tus objetivos.

En el cierre de este libro, *La implicancia del marketing estratégico y operativo en una MYPE*, quiero expresar mis sinceros agradecimientos a todos aquellos que han invertido su tiempo y esfuerzo en su lectura. Es un privilegio compartir estos conocimientos y perspectivas sobre el mundo del *marketing* y la gestión empresarial, especialmente enfocados en las MYPE.

También quiero extender mi profundo agradecimiento a Dios, fuente de sabiduría y guía en este viaje. Su divina inspiración ha sido una luz en la creación de este libro y en mi camino en el campo del *marketing* y la docencia.

Nuevamente, agradecer a mis padres, Ciro Casio Sánchez Obregón y Ana Cueva Huamán, por su apoyo inquebrantable y por inculcarme valores de perseverancia y dedicación. A mi amada esposa, Luz del Carmen Chinguel Flores, y a mi hijo Giussepe Giordano Casio Sánchez Chinguel, les agradezco por ser mi fuente constante de motivación y amor.

Mi nombre es Ciro Giussepe Sánchez Cueva, y tengo el honor de ser el autor de esta obra. Para mí, la creación de este libro representa la realización de un sueño largamente acariciado. A lo largo de este proceso, he dedicado no solo mi tiempo y esfuerzo, sino también mi pasión por el mundo del *marketing* y la gestión empresarial. Como docente universitario, he encontrado una profunda satisfacción en compartir mis conocimientos y experiencias con otros, y este libro es una extensión de ese deseo de educar y empoderar.

Esta obra es un testimonio de mi compromiso con el campo del *marketing*, especialmente en el contexto de las MYPE. Ha sido un viaje apasionante explorar y analizar estrategias y enfoques que pueden marcar la diferencia en el éxito de estas empresas. Estoy seguro de que este libro será de gran utilidad para aquellos que buscan tomar decisiones informadas y estratégicas en sus negocios.

Espero que disfruten de la lectura de este libro tanto como yo disfruté escribiéndolo. Cada página está impregnada con mi amor por el tema y mi deseo genuino de ver prosperar a las MYPE. Esta obra es un tributo a la pasión por el *marketing* y la enseñanza, y lo comparto con todos ustedes con gratitud y alegría. Que las ideas y estrategias aquí presentadas les inspiren y les brinden las herramientas necesarias para alcanzar el éxito empresarial.

¡Gracias por permitirme ser parte de su viaje hacia el crecimiento y el logro de sus metas!

Lecturas recomendadas

Marketing en redes sociales y decisión de compra en los clientes de la productora de cerveza artesanal en Talavera de la Reyna (Echavarria Coronado y colaboradores)

EDIQUID

www.ingramcontent.com/pod-product-compliance
Lightning Source LLC
LaVergne TN
LVHW090042160826
845672LV00013B/348

* 9 7 8 6 1 2 5 1 6 0 8 8 1 *